難行苦行の〈絵描き遍路〉をやってみた
——四国八十八カ所を歩いて描く

イマイカツミ

寿郎社

まえがき

いつものように富良野《ふらの》のスイカ農家で働いていた春のある日、一緒に仕事をしていた彼が言った。「お遍路行ってきましたよ」。農作業ヘルパーの彼は、もう何度もお遍路をしているらしい。歩いて、しかも野宿で寺を廻りながら四国一周だなんて実に奇特だなぁと思いつつ、彼のお遍路話を聞いた。「いいもんですよ」と晴れやかな顔で語る彼の目は、暖かな日差しの下で輝いて見えた。「めちゃくちゃきついですけどね」。彼がしきりに口にするその言葉が、引っかかった。「きつい」(活動)と言われると、僕はつい反応してしまう。興味と負けん気が湧き上がってくるのだ。その理由を述べる前に、先に自己紹介しておくべきだろう。

大阪生まれ横浜育ちの僕イマイカツミは、二〇〇一年に北海道富良野市に農作業ヘルパーとしてやってきて、今では移住して地元農家の農作業を手伝いながら絵を描いて生活している。農閑期には絵描き旅にも出る。これまで絵を描くために訪れた国は約三〇カ国になるが、中東のイラン、イエメンにイスラエル、さらにキューバやロシア・サハリンなど、絵描きがあまり描きにいかないような国にも行っている。日本国内では、北海道のJR全駅を車で寝泊まりしながら訪れて、二〇〇の駅舎を描いたりもしている。絵描きといっても、僕は自他共に認める体育会系だ。高校時代はラグビー部所属、四〇代になった今も肉体労働は苦ではない。だから、ちょっとやそっとでは「きつい」とは思わない。そんなに「きつい」なら、やってみようかとさえ思う。それが体育会系出身の精神構造なのだ。

お遍路に行ってきたと言う彼の話を聞いてから、富良野市立図書館に行ってお遍路の本を数冊手に取ってみた。すると、どれもそのきつさの喧伝に暇がない。「体力に自信があるという人も過信は危険」とある。「途中でリタイヤすることも勇気です」ともある。しまいには、「志した70%が完遂出来ない」とあって、心にむらむらと熱気が込み上げてくるのを感じた。四国全土を歩いて踏破するのは確かにスケールの大きな話だけど、ほんとにそれほどきついのか。本当に、リタイヤも止む無しという過酷な行程なのか。そう思うと、実際に経験してみたくなってきた。

実は、僕のひい爺さんは坊主だった。厳しい修行で知られる禅宗で、棒術の使い手だったという。そのこともあって何か血が騒いだのかもしれない。とにかく僕は、その時点ですでに歩き遍路に行くことを決めていた。今から思えば弘法大師《こうぼうだいし》空海《くうかい》からお遍路に来るよう招かれていたのだった。ただ歩くだけでそんなにきついのならば、僕はそれだけではなく、八十八カ寺すべてを描いてスケッチブックに収めることにした。絵描きとしての自分なりの目標を加えることで僕の個性を生かすお遍路になると思ったし、ただのお遍路よりきつい負荷をかけても完遂できるという自信と自惚《うぬぼ》れもあった。要するに、僕はお遍路のことをまったく軽く考えていたのだ。

「まぁ何とかなるだろう」。そんないつもの甘い見立てが、先々で僕を苦しめることになる。長く、恐ろしい道のりが始まる。心してついてきてください。

難行苦行の

〈絵描き遍路〉をやってみた

——四国八十八カ所を歩いて描く

〈目次〉

香川県(讃岐)
《涅槃の道場》

第 66 番 雲辺寺
第 67 番 大興寺
第 68 番 神恵院
第 69 番 観音寺
第 70 番 本山寺
第 71 番 弥谷寺
第 72 番 曼荼羅寺
第 73 番 出釈迦寺
第 74 番 甲山寺
第 75 番 善通寺
第 76 番 金倉寺
第 77 番 道隆寺
第 78 番 郷照寺
第 79 番 天皇寺
第 80 番 国分寺
第 81 番 白峯寺
第 82 番 根香寺
第 83 番 一宮寺
第 84 番 屋島寺
第 85 番 八栗寺
第 86 番 志度寺
第 87 番 長尾寺
第 88 番 大窪寺

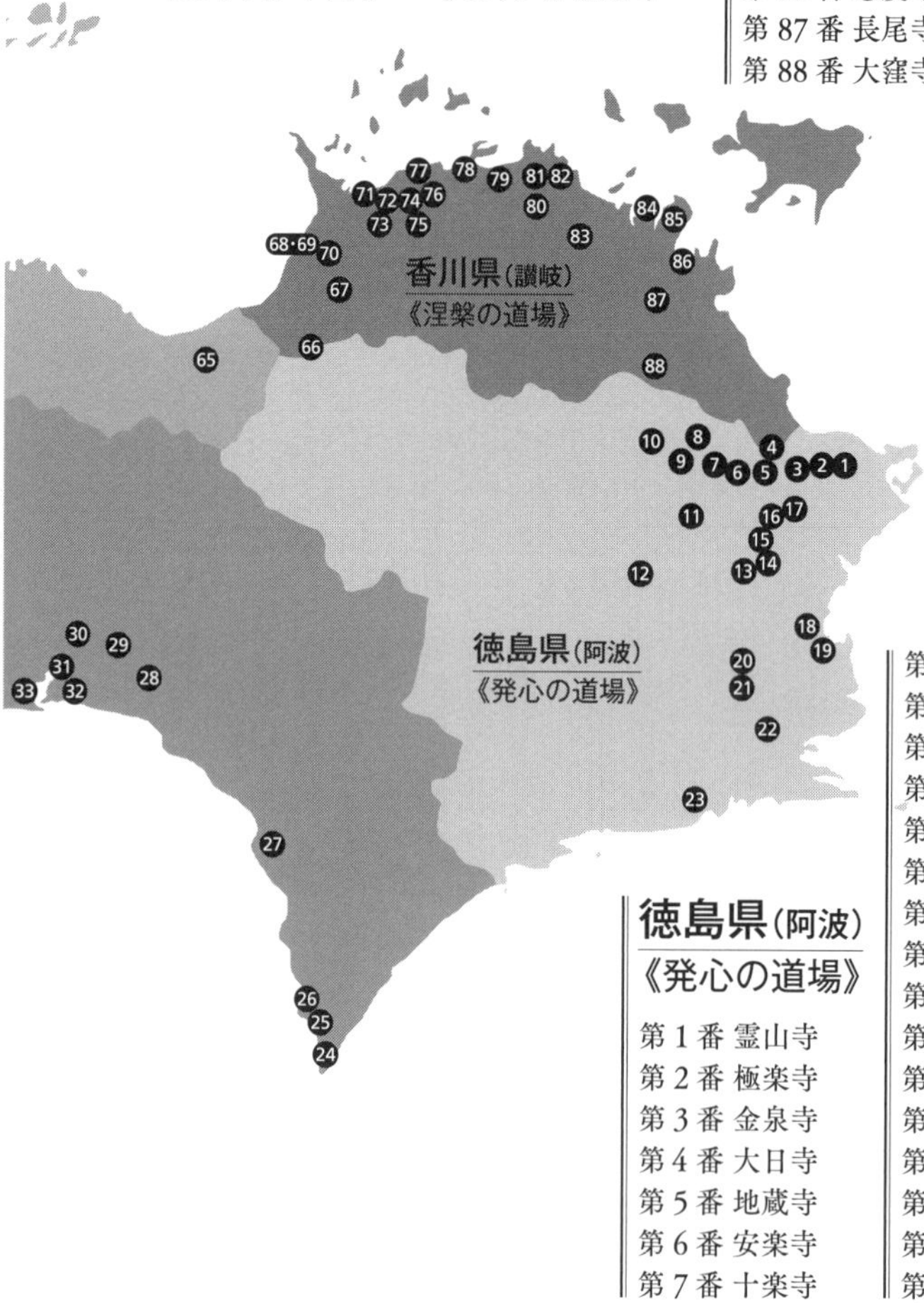

徳島県(阿波)
《発心の道場》

第 1 番 霊山寺
第 2 番 極楽寺
第 3 番 金泉寺
第 4 番 大日寺
第 5 番 地蔵寺
第 6 番 安楽寺
第 7 番 十楽寺
第 8 番 熊谷寺
第 9 番 法輪寺
第 10 番 切幡寺
第 11 番 藤井寺
第 12 番 焼山寺
第 13 番 大日寺
第 14 番 常楽寺
第 15 番 国分寺
第 16 番 観音寺
第 17 番 井戸寺
第 18 番 恩山寺
第 19 番 立江寺
第 20 番 鶴林寺
第 21 番 太龍寺
第 22 番 平等寺
第 23 番 薬王寺

四国八十八カ所

凡例
❶＝第１番 霊山寺

愛媛県（伊予）
《菩提の道場》

第40番 観自在寺
第41番 龍光寺
第42番 仏木寺
第43番 明石寺
第44番 大宝寺
第45番 岩屋寺
第46番 浄瑠璃寺
第47番 八坂寺
第48番 西林寺
第49番 浄土寺
第50番 繁多寺
第51番 石手寺
第52番 太山寺
第53番 円明寺
第54番 延命寺
第55番 南光坊
第56番 泰山寺
第57番 栄福寺
第58番 仙遊寺
第59番 国分寺
第60番 横峰寺
第61番 香園寺
第62番 宝寿寺
第63番 吉祥寺
第64番 前神寺
第65番 三角寺

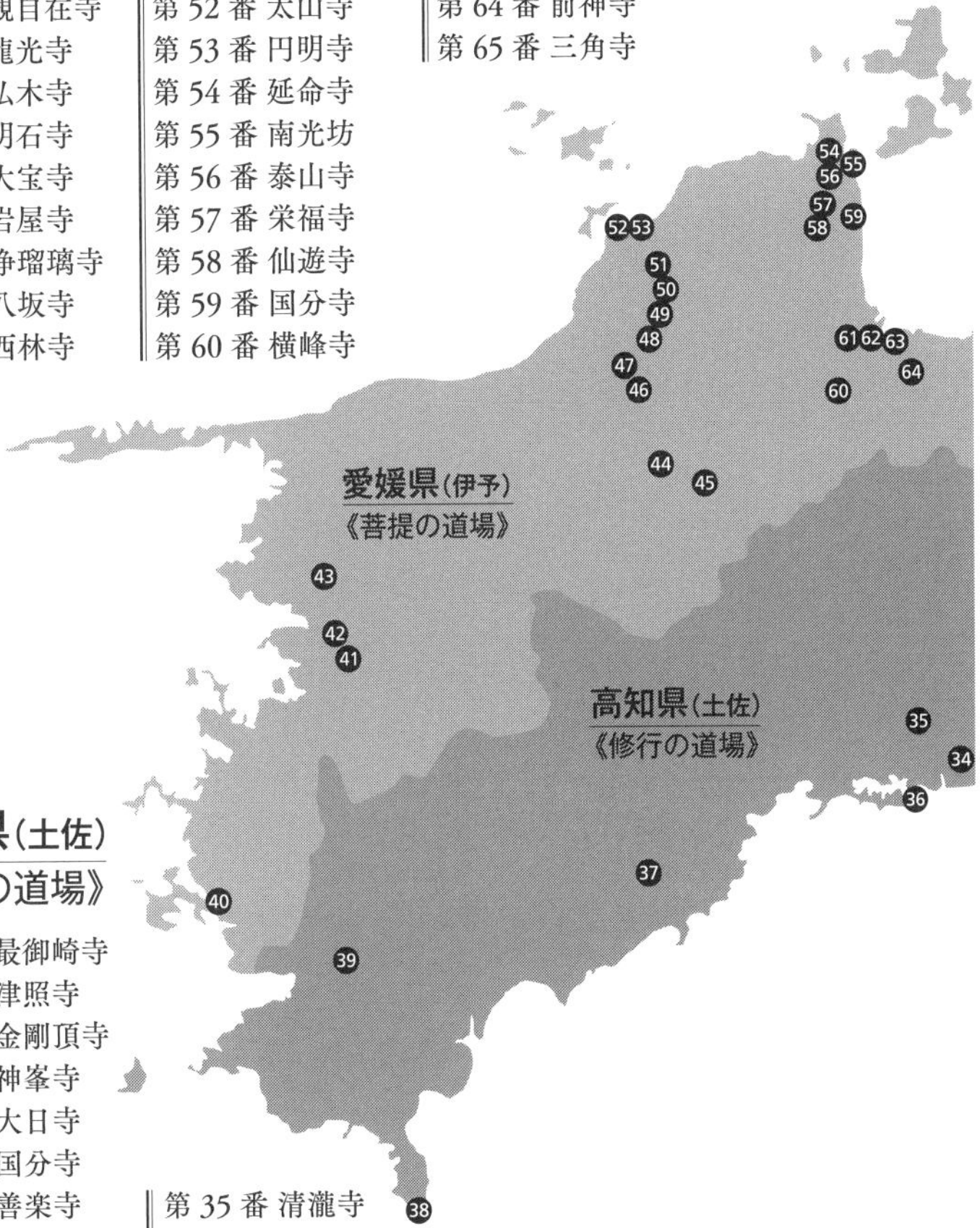

高知県（土佐）
《修行の道場》

第24番 最御崎寺
第25番 津照寺
第26番 金剛頂寺
第27番 神峯寺
第28番 大日寺
第29番 国分寺
第30番 善楽寺
第31番 竹林寺
第32番 禅師峰寺
第33番 雪蹊寺
第34番 種間寺
第35番 清瀧寺
第36番 青龍寺
第37番 岩本寺
第38番 金剛福寺
第39番 延光寺

写真・絵　イマイカツミ
ブックデザイン　鈴木美里＋清水絵理子

難行苦行の

〈絵描き遍路〉をやってみた

——四国八十八カ所を歩いて描く

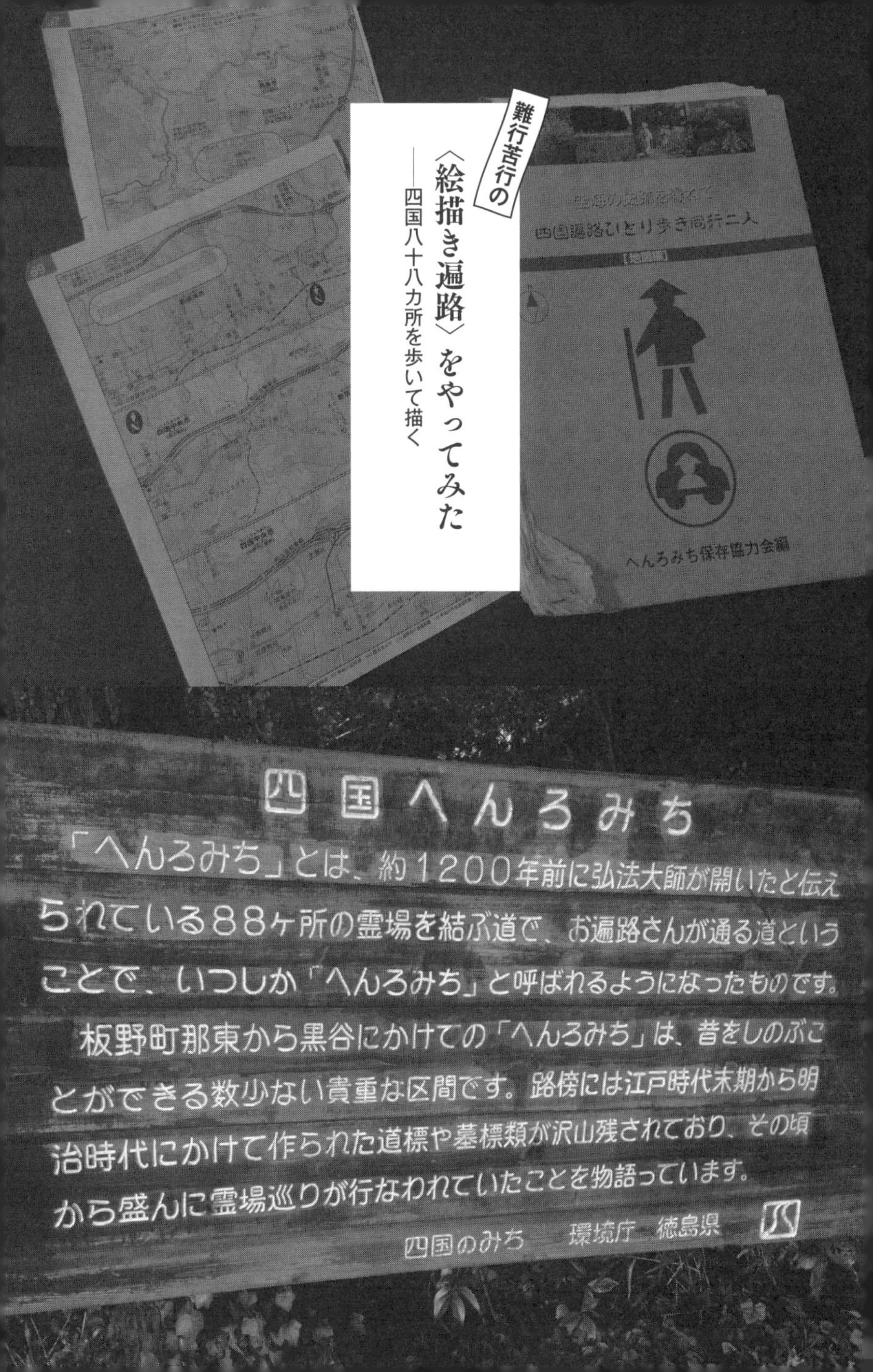
四国遍路ひとり歩き同行二人
【地図編】
へんろみち保存協力会編
四国へんろみち
「へんろみち」とは、約1200年前に弘法大師が開いたと伝えられている88ヶ所の霊場を結ぶ道で、お遍路さんが通る道ということで、いつしか「へんろみち」と呼ばれるようになったものです。
板野町那東から黒谷にかけての「へんろみち」は、昔をしのぶことができる数少ない貴重な区間です。路傍には江戸時代末期から明治時代にかけて作られた道標や墓標類が沢山残されており、その頃から盛んに霊場巡りが行なわれていたことを物語っています。
四国のみち　環境庁　徳島県

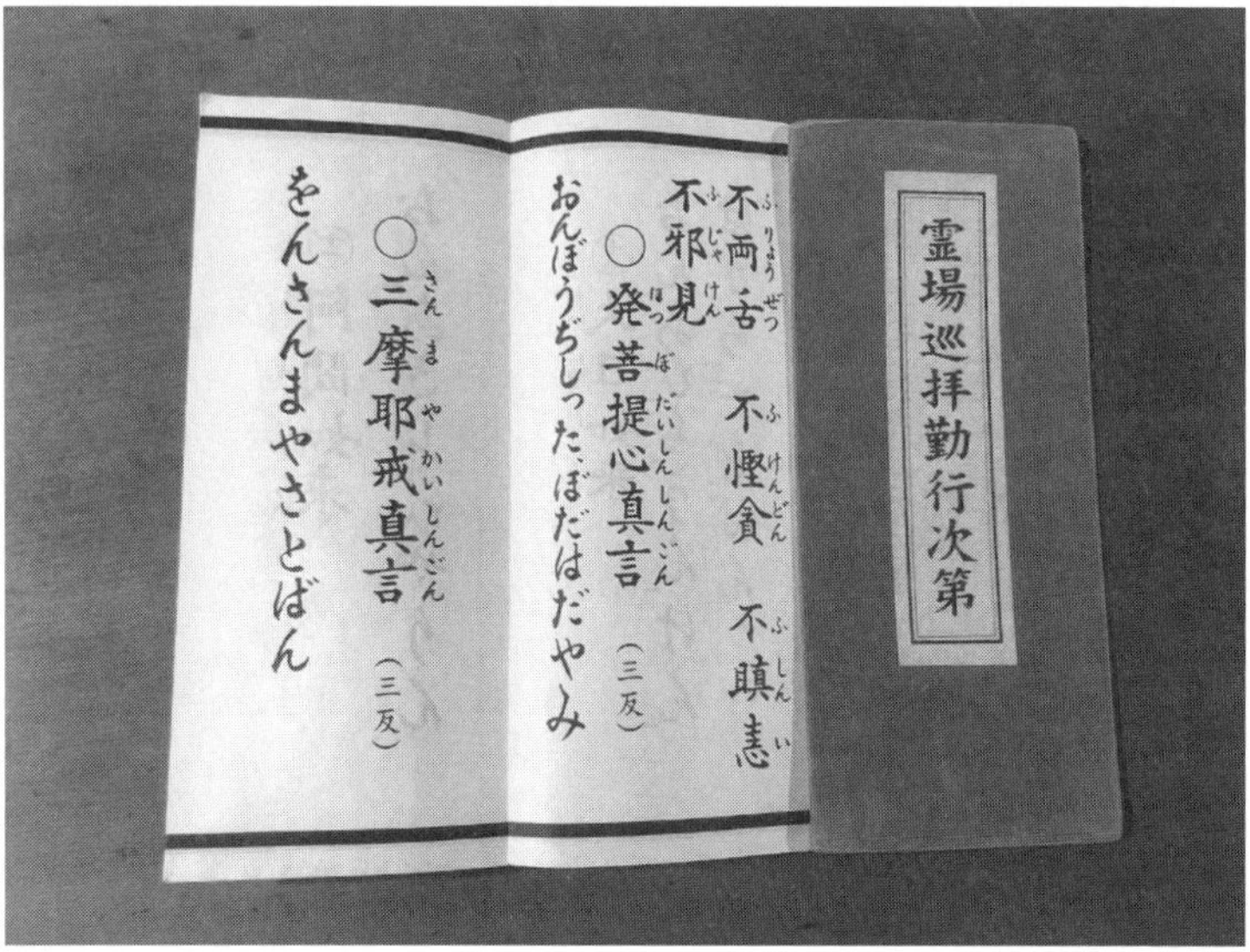
霊場巡拝勤行次第
不《ふ》両《りょう》舌《ぜつ》　不《ふ》慳《けん》貪《どん》　不《ふ》瞋《しん》恚《い》
不《ふ》邪《じゃ》見《けん》
○発《はっ》菩《ぼ》提《だい》心《しん》真《しん》言《ごん》　（三反）
おんぼうぢしった、ぼだはだやみ
○三《さん》摩《ま》耶《や》戒《かい》真《しん》言《ごん》　（三反）
をんさんまやさとばん

経文

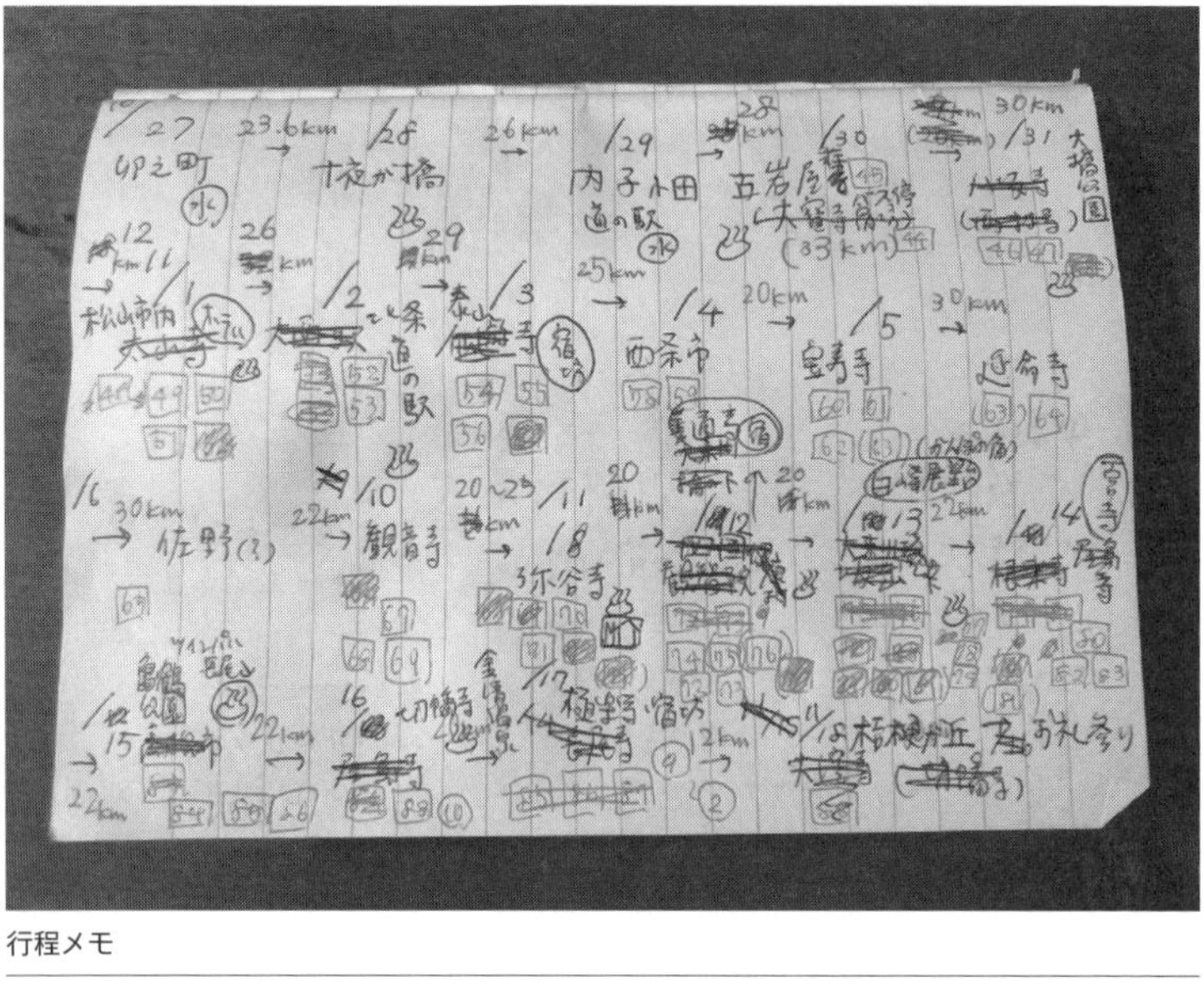

行程メモ

第1日

いきなりのお接待に面食らう

◉二月二三日／歩行距離一一・五キロメートル／描いた寺 四寺

徳島県鳴門市大麻町～板野郡板野町［旅館泊］

「よし、やるぞ」。バックパックから画材を取り出し、ストップウォッチのボタンを押す。僕の目の前には、四国八十八カ所霊場**第一番札所・霊山寺《りょうぜんじ》**。僕の四国霊場八十八カ所絵描き遍路が始まった。ルールは一カ寺一時間。下描きと着彩をおおよそ三〇分ずつで仕上げる、つもりが、寺の造作って細かい。下描きに思いのほか時間を食い、四〇分に近づいて慌てて着彩に移り、あっという間に終了。一時間のスケッチはかなり急ぎ足だ。ともかく、まずはスタートを切った。これからだ。

絵を描き終えて仁王門横の巡礼用品店で遍路装備を購入し、着替える。白衣に金剛杖《こんごうづえ》のひとりのお遍路がここに完成した。あらためて仁王門の前に立ち、脱帽し、礼拝。境内に入り、買ったばかりの経文を本堂と大師堂で読み上げる。これでお参りオーケーである。納経《のうきょう》所へ行き、納経代三〇〇円とまっさらな納経帳を差し出す。毛筆で墨書きされ御朱印《ごしゅいん》が捺《お》される。ちょっとした緊張感と静謐な空気が漂う。ぱたんと閉じて返された僕の納経帳をありがたく受け取り、これでめでたく第一番札所・霊山寺への参拝が終了し、仁王門を出て、姿勢を正し、礼。第二番に向け、遍路道の第一歩を踏み出す。

白衣姿で杖をつく自分に気恥ずかしさを感じながら歩き始めると、電柱に「↑」のような、遍路

遍路道シール

実るミカンと道しるべ

道を示すシールが張ってあることに気がつく。まるでリアルRPGが始まったような気分だ。**第二番極楽寺《ごくらくじ》**まではわずか一・四キロメートル。礼拝、納経を済ませ、絵描きに一時間。よし、次。実をつけるミカンの木々に感動しながら車通りの少ない狭い道を歩く。**第三番金泉寺《こんせんじ》**までも二・六キロメートルとすぐ。礼拝、納経、絵描き。順調順調。

気がつけばとっくに昼飯時間を過ぎていた。あたりに食堂がある気配が全然ないので、そばにあった商店のような家の引き戸を開けて尋ねてみる。「すみません、この辺で食堂みたいなのってありますか？」。すると、恰幅のいいお母さんが出てきて、「いいよ、座んなさい。何か出してやる」。

「えぇっ⁉」と思ったが、「お接待だよ」と言われ、荷物を下ろす。営業していない雑駁な商店然とした空間の中、何と言ったらいいか、いわゆる丼ぶり飯をいただく。

「あたしもね、何かあったらいつも三番さんのご本尊の〝のうまくさんまんだぼだなんばく〟とご真言を唱えるんだよ。北海道かい⁉　それは遠いところから来たね。でも、最近は北海道のお遍路さんも多いみたいだね。難所は十二番だよ。あの人は、結局あそこでやめちまった。根性がないのさ。もう顔も出さなくなった。お遍路は、厳しいよ。でも、戻ってきなさいよ。八十八番まで打ち終えたら十番に戻って、それから一番までお礼参りをするんだよ。その時に、顔を出すんだよ」。お礼を言ってあとにする。これがお遍路文化というものなのか。いきなりお接待を受け、僕は面食らってしまった。

第四番までは五キロメートル。アスファルト道から初めて野道へ。これこそ遍路道とわくわくしながら墓地や山野を抜けていく。**第四番大日寺**《だいにちじ》到着時にはもう日が暮れかかっていた。礼拝、納経。山門を出て、少し遠めから絵を描いて日没。今日はここまでだ。

描いていると、奇妙な女性が通り過ぎていった。二〇代前半と思しき若さ、薄いピンク色の長いダウンコートを着て、片手にボストンバッグ。金剛杖も持たず、白衣でもない。こんな鄙《ひな》びた山奥を歩いていくようすはお遍路のようでもあり、軽く会釈を交わす。

すっかり日が暮れてから第五番札所・地蔵寺《じぞうじ》そばの宿に電話をかける。テントに寝袋といった野宿道具を備えてきたが、いきなり野宿をするにはまだ心構えができていなかったのだ。「今日⁉今から⁉　いいですけど……」。なんとか宿を確保した。二キロメートルほど歩いて宿に到着すると、

「前もって連絡もらわないと」と不機嫌顔をされしょげる。飛び込み客は歓迎されないようだ。晩飯も用意できないからということでコンビニの場所を教えてくれた。

古びた民宿の一間にはお遍路の本や経典のようなものが置かれている。隣りの部屋との境は襖だけ。どうやら自分以外の客はいないらしい。あまり経験がないタイプの旅館だが、これがお遍路宿というものだろうか。

いいさ。とにかく初日が無事終わった。四点描いた寺の絵を見直す。うん、まぁどんどん慣れていくだろう。まだまだ先は長いんだから。とりあえず日記をつけて、明日歩く予定の道と寺を確認し、眠りにつく。

Column

僕が当日揃えたお遍路装備

袖がないベスト型の白衣（笈摺《おいずる》）、金剛杖《こんごうづえ》、山谷袋《さんやぶくろ》、納経帳《のうきょうちょう》、経本《きょうほん》、数珠《じゅず》、納札《おさめふだ》（一〇〇枚）、線香、『四国遍路ひとり歩き同行二人（地図編）』（へんろみち保存協会編）。以上、合計一万円ちょっと。菅笠《すげがさ》はおでこに痕がつきそうなので購入せず持参の帽子を使用。『四国遍路Ⅰ』はお遍路必携の地図。いちいち開くのが手間なので、最終的に僕はその日の行程のページを切ってポケットに入れることにした。購入した山谷袋は決して使いやすかったとは言えず、自前の使いやすいものを選ぶ方がいい。いずれも自分次第の装備を整えればいいと思う。

寺での礼拝作法

山門（仁王門）礼拝↓手水舎《ちょうずや》で手を洗い、口をすすぐ↓鐘《かね》を撞《つ》く（撞けない寺もある）↓本堂に赴き、線香立てに線香を立て、納札入れに納札を入れ、賽銭を入れ、読経↓大師堂に赴き、線香立てに線香を立て、納札入れに納札を入れ、賽銭を入れ、読経↓納経所で御朱印をもらう↓山門礼拝（読経を終えた後に鐘を撞くのは「戻り鐘」といい、忌事とされるので要注意）

僕の絵描き道具

- 紙…今回はマルマンの「白い絵本」という製本されたスケッチブックを使用。表紙・背表紙にも描くことができ、一冊で計二三枚の絵が描ける。

つまり、四冊でちょうど八十八カ所分描けるということだ。

- ボールペン…三菱鉛筆ユニ・ジェットストリーム三本
- 固形水彩絵の具（ウィンザー&ニュートン一五色）とパレット
- 水彩筆（ラファエル8404　5号）一本
- 水入れ一つ
- 雑巾
- ティッシュ

第2日

足に水ぶくれが出来ていた

◉二月二四日／歩行距離 一五キロメートル／描いた寺 四寺

徳島県板野郡板野町～阿波市土成町 ［ビジネスホテル泊］

第五番地蔵寺《じぞうじ》は宿のすぐそばである。朝の七時から描き始め、八時過ぎに描き終わる。礼拝、納経。元気元気と、どんどん進む。次の**第六番安楽寺**《あんらくじ》までは五・三キロメートル。楽勝楽勝。道端にある道案内の石碑や祠、地蔵、寺に神社などが並ぶ光景は静かでどこか霊的な雰囲気がある。六番到着、礼拝、納経、絵描き。描いている最中、またあのボストンバッグの女性が通り過ぎた。やっぱりお遍路をしているようだ。しかし、昨夜この人はいったいどこに泊まったんだろう。

そこからさらに一・二キロメートルで**第七番十楽寺**《じゅうらくじ》に到着。礼拝、納経、絵描きを終わった昼一二時半、JAふらの農作業ヘルパーで共に働いた香川県の友人が陣中見舞いにやってきた。「飯でも食いに行こうや」と車で近くの徳島ラーメンの有名店に連れて行ってくれた。うまいうまいと食う。車に乗っちゃったけど、また同じところに戻って歩き直せばよしとすることにした。ラーメンを食べた後、マクドナルドでコーヒーを飲みながらしばし旧交を温める。

車で送ってもらって第七番門前から午後三時に再スタート。**第八番熊谷寺**《くまだにじ》までの四・二キロメートルの道中、道を間違える。電柱の遍路道シールが見えなくなり、間違いに気づいた。それで三〇分は余計に歩いてしまった。ちょっと気分が落ちると同時に、二〇キロ近い荷物の重さが初めて感じられ、足も少し重く感じ出す。間違ったときは勇気をもって引き返すことが肝要だ。間違ったことに気づきながら引き返すのがいやで歩き続けると、結局遠回りになる。

夕暮れ、小さく区切られた畑が広がり、鈍色の瓦屋根の家が建ち並ぶそのむこうに山々が連なる光景を見て、日本のわびさびを感じる。北海道では見られない郷愁を帯びた光景だ。

日没を迎え、第九番法輪寺《ほうりんじ》を過ぎた辺りまで歩き、そばにあるビジネスホテルに飛び込み予約の電話をする。

一日にどれだけ歩けるのか分からないから、だいたいの見当がつくまで宿に連絡できないのだ。結果、オーケー。今日も宿に泊まる。テントも寝袋も持ってきてはいるのだけど……。

靴下を脱ぐと、足に水ぶくれが出来ていた。お遍路の最初の洗礼だ。

心温まる休憩所とお接待。マネキンが怖い……。

Column

読経の順序

開経偈《かいきょうげ》→懺悔文《ざんげもん》→三帰《さんき》→三竟《さんきょう》→十善戒《じゅうぜんかい》→発菩提心真言《ほつぼだいしんしんごん》→三摩耶戒真言《さんまやかいしんごん》→般若心経《はんにゃしんぎょう》→十三仏真言《じゅうさんぶつしんごん》（本堂のみにて、大師堂では読まない。真言は寺の本尊により異なる）→光明真言《こうみょうしんごん》→大師宝号《だいしほうごう》→廻向文《えこうもん》。経文の通りに読めば大丈夫。暗唱できるようになっても経文を見ながら読むのが礼儀とされる。お経の順序も全く知らなかった僕だが、二、三日も経文を読んでいればすぐに慣れた。覚えようと思ったら団体の横について一緒に読むのが一番いい。団体にはお先達《せんだつ》さんがついていて、導いてくれる。

第3日

遍路ころがしを甘く見ていた

◉二月二五日／歩行距離一九・七キロメートル／描いた寺 三寺

徳島県阿波市土成町～名西郡神山町［野宿／番外霊場・柳水庵］

朝一番で**第九番法輪寺**《ほうりんじ》へ。礼拝、納経、絵描き。**第十番切幡寺**《きりはたじ》へは三・八キロメートル。十番に差しかかる門前の通りで「荷物、置いていったら。預かりますよ」と声をかけられる。何だろうと思ったけど、「いいですいいです」と申し出を断り歩いていったら、寺までかなりハードな登りと階段が待っていた。言うとおりにしておけばよかったと思っても後の祭り。汗だくで登り切り、礼拝、納経。さらに集中して一時間の絵描き。初めて「きつい」と感じた。水ぶくれの出来た足もじんじんしびれるようになってきた。

第十番から第十一番藤井寺までの九・三キロメートルには、途中にうどん屋があった。そこに入って定食を食う。一息ついて歩き出すと、びっくりするほど足が痛い。もはやのんびり風景を味わいながら歩くといった風情ではなくなってきて、速度がてきめんに落ちる。「お遍路さん　いつまでも　お元気で」という子供の書いた立札があって、苦笑する。頭は何かを考えているようで、実は空っぽだった。足だけをただ前に運ぶ。いよいよ荷物も重く感じられる。

三番金泉寺の門前でお接待してくれたお母さんも言っていた。「十二番だよ」。今度はどのお遍路の本にも記されている、そんな通称「遍路ころがし」と呼ばれる難所が迫る。胸が高鳴る。

十二番はまだかー

午後二時半、九キロメートル余りを歩き切って、**第十一番藤井寺《ふじいでら》**到着。礼拝、納経、絵描き。遍路ころがしと呼ばれる道は寺の裏から始まるようで、「焼山寺へ」との矢印がある。いささか緊張してくるが、心を落ち着かせ、午後三時半過ぎ、意を決して遍路ころがしへと分け入る。直行なら第十二番焼山寺まで一三キロメートル、六時間の山登りである。今日こそは野宿、とまずは目的地を途中にある庵「柳水庵《りゅうすいあん》」に決め、いざ！　アタック開始。

開始早々強烈な急坂になり、汗が噴き出す。フリースの上着を脱いでバックパックにしまい、Tシャツになる。木の枝に「へんろ道」「がんばって」などと書かれた札がぶら下がっている。束の間車道に出ると、地元の人らしき中年の男性が、「これから十二番打つの？　暮れちゃうよ。柳水庵に泊まるの？　それなら間に合うかなぁ……。すごい荷物だねぇ。ま、頑張って」。はいと答えてまた登る。息が切れる。歯をくいしばる。日が傾き始め、山の不気味さを感じ出す。

登ること三・二キロメートル。最初の庵、番外霊場・長戸庵《ちょうどあん》着。弘法大師空海も焼山寺に登る際ここでお休みになったそうだが、僕ももう限界に近かった。目も頭もくらくらする。しかしそこから柳水庵までさらに三・二キロメートルの山登り。これは容赦ないきつさだ。こんな山の中では誰も助けてくれないぞ。戻るにしても、進むにしても、今更どうしようもない。心構えの甘さにようやく気づき、背筋がうっすら寒くなる。進むしかない。金剛杖に縋《すが》るようにして急坂をよじ登る。番外霊場・柳水庵にほうほうの体でたどり着いたときには日がとっぷりと暮れていた。野宿ができる場所だと地図に記されていた柳水庵はここかと物置のような場所を懐中電灯を照らしながら、初のテント設営。汗がひいて寒い。誰の足音も聞こえず、ただ地蔵だけが立っている。まるでこちらを監視しているかのようだ。

水道があった。ありがたい。顔を洗い、テントに入る。テント内でバックパックから小型コンロ

記念すべき初の野宿場所

焼けてテントの入口が溶けた……

を出して、香川の友人が差し入れてくれた乾麺のうどんを茹でるべく小型鍋をセットする。

富良野の友人から借りたテントは出発前に設営の予行演習を済ませたので問題はなかったが、お遍路用に買ったコンロに関しては何も練習をしていなかった。火が付かない。ツマミを思い切りひねって「シュー」という音が出たので火を付けたら、火柱が立った。これには驚いた。テント内での話だ。慌ててコンロを外に放り出した。暗闇の中で火だるまになるところだった。テントの入口が無残に焼けて溶けた。危うく柳水庵まで燃やすところだった。

外でもう一度やり直し、無事うどんを茹でて食う。でも、うまいもまずいも感じなかった。怖さと、おれは本当にバカだという思い……。

懐中電灯の心細い光のもと、日記をつけて目を閉じる。寒い。寝袋に身を縮める。お遍路最初の記念すべき野宿は、さんざんな思い出となった。

Column

僕のバックパックと中身

友達に借りたカリマー社のクーガー七〇~九〇ℓ、同じく借りたオガワ社のテント(たぶん二~三人用)、ナンガ社の寝袋、サーマレスト社のマット(リッジレスト)、レインコート、折りたたみ傘、フリース(長袖とベスト)、キャンプ用ガスコンロ、ガスボンベ一本、アルミ鍋、懐中電灯。着替え、洗面用具にバリカンなど。基本装備で二〇キロ弱。随時弁当や果物、お接待でもらったものが加わる。重すぎる。一〇キロくらいに収まると山登りもだいぶ楽だと思う。

寺を打つ

お遍路ではお参りして納経することを「打つ」という。かつて納札は木で出来ていて、参拝者はそれを各寺に打ち付けたといい、その名残だそうだ。お遍路を一回で廻り切ることを「通し打ち」といい、数回に分けて打つことを「区切り打ち」という。また、各県ごとに打つことを「一国打ち」といい、八十八番からさかのぼって一番に向かうことを「逆打ち」という。逆打ちは遍路道シールや道しるべが逆になって分かりづらくて難しい分、より功徳があるとされる。

番外霊場・柳水庵

弘法大師がこの地で休息された際、柳の枝を採って加持されたところ、清水が湧き出した。そこで、一宇を建立し、尊像を刻み安置したという。山中の難所に恵みの水をもたらす霊地である。

第4日

遍路ころがしは終わらない

◉二月二六日／歩行距離二七・一キロメートル／描いた寺 二寺

徳島県名西郡神山町～徳島市一宮町［旅館泊］

夜、寒さで何度も目を覚ます。外が少し明るくなってきたのを感じてテントから出てみる。五時半。うっすらと辺りが白い。標高五〇〇メートルの山中に、少し雪が降ったらしい。

六時、身支度をして、テントをかたづける。柳水庵に一礼。昨夜は暗くて気づかなかったが、「お遍路さんの休憩所は下にあります」と書いてある。なんと、少し進んだところにちゃんとした休憩所があるじゃないか。これが本当の柳水庵休憩所。あのテント泊とぼや騒ぎは何だったんだ。

それにつけても遍路ころがしは続く。「いったいどんだけ登るのよ」とひとりごちる。うっそうとした木々の間を登り切り、光が木漏れてきて少し尾根歩きになったかと思いきや、また登る。まだまだ登る。十二番までの道のりで過酷な登り坂は合計六カ所もあるのだ。それぞれの坂が半端なくきつい。

息せき切って五カ所目を登り切ったところに、荘厳な老木と巨大なお大師様の像が待ち構えていた。標高七四五メートルの番外霊場・浄蓮庵《じょうれんあん》だ。汗にまみれ歯を食いしばってぐしゃぐしゃになったところで出会うこのお大師様は実に感動的だった。思わず僕は般若心経《はんにゃしんぎょう》を声をあげて唱えてしまった。

遍路道はそこから三〇〇メートル下るのでいよいよ遍路ころがしも終わりかと思いきや、最後の仕上げ、六カ所目の遍路ころがしが残っていた。その長い急坂が最も過酷だった。這うようにしてようやく**第十二番焼山寺《しょうさんじ》**の境内に入ると、ベンチを見つけた。バックパックを下して腰をかけ、しばらくうなだれた。それからふらふらとした足どりで自販機に行き、コーラを買ってがぶ飲みして、やっと落ち着く。礼拝、納経。しかし、ここからの絵描きがまたきつい。汗でべちゃべちゃになったシャツがひんやりしてくる。この状態で集中するのかよと思いながら、一時間立ちっぱなしで描く。絵描き遍路の大変さを痛感した。と同時に、描き終わった後の大きな解放感も得る。

しかし苦行はまだ終わらなかった。この先**第十三番大《だい》日寺《にちじ》**までの二三キロメートルが輪をかけてめちゃくちゃ苦しいのだ。下り道は途中からアスファルトになるが、ここまでくるのに蓄積していた疲労に加えて焼山寺までの激しい山登りのせいで足の痛みが激しくなった。遍路ころがしを越えていささか気が緩んでいたせいか、この長い「神山越え」には心が折られてしまった。

足の裏がまるでアスファルトに引っ張られているかのよう。見なくても水ぶくれが確実に悪化しているのが分

柳水庵。「すぐ下に休憩所があります」。
昨日は暗くて見えなかった！

十二番への最後の遍路ころがし

浄蓮庵の巨杉と弘法大師像

かる。一歩あるくごとに足に衝撃が直に伝わってきて、疼くように痛い。荷物の重みも肩に厳しく、逃げ場がない。

「こんなんでこの先行けるの?」。そんな不安を感じながらも、夕方、大日寺までようやく辿り着いた。礼拝、納経。最後のひと踏ん張り、絵も描き切る。そして、寺のそばの旅館に、足を引きずって入る。

僕の様子を見て、宿の女主人が「何にでも効くから」と、ビワの葉を焼酎に漬けた小さな容器をくれた。夜、ひどくなった両足の水ぶくれに爪楊枝で穴を開けて水を抜き、そこにもらったビワエキスをつけて自ら処置を施してみた。本当にありがたい宿の配慮に感謝した。少しでも足が回復することを祈って、眠りにつく。

Column

番外霊場・浄蓮庵

弘法大師がこの地を通過するとき、木の根を枕に仮眠した。夢の中に阿弥陀如来が現れたので、誓願を込めて尊像を刻み、堂宇を建立し安置した。そのとき植えられた杉が老大木となり、ここを通過するお遍路に今も感動を与えている。

第5日

痛む足を引きずり地蔵越え

◉二月二七日／歩行距離一九・四キロメートル／描いた寺 四寺

徳島県徳島市一宮町〜徳島市八万町［野宿／八万温泉の駐車場］

足が痛い憂鬱な朝。宿の女主人に感謝を告げて、出発。歩き出しから足を引きずる。大日寺から**第十四番常楽寺**《じょうらくじ》まで二・三キロメートル。礼拝、納経、絵描き。次いで**第十五番国分寺**《こくぶんじ》まで〇・八キロメートル。礼拝、納経、絵描き。さらに**第十六番観音寺**《かんおんじ》まで一・八キロメートル。礼拝、納経、絵描き。立て続けに札所が並んでいて歩く距離が短いのは痛む足にありがたいが、絵を一時間ずつ集中して連続して描くのは想像以上にきつかった。さらに**第十七番井戸寺**《いどじ》まで二・八キロメートル。途中コンビニで昼食。駐車場の車止めブロックに腰かけ、靴を脱いでおにぎりを頬張る。空を見上げる。いい天気だ。深呼吸をする。ゴミを捨て気を取り直して再出発。歩き出しの足の痛みに顔が歪む。バックパックも岩のように重い。井戸寺着。礼拝、納経、絵描き。今日は絵を描くだけで四時間。疲れた身体で立ちっぱなしで集中するきつさ……。

境内に腰かけていると、老婆が近づいてきて、飴のお接待をくれた。「大変やねぇ」「そうですねぇ」「頑張ってなぁ」。その笑顔に、少し心が安らぐ。

今晩の宿はスマホで調べておいた八万《はちまん》温泉の駐車場。歩き遍路に駐車場でのテント泊を許可しているとのことで、井戸寺からは七キロメートル先にある。五キロメートル地点にある番外霊場・地《じ》

御朱印

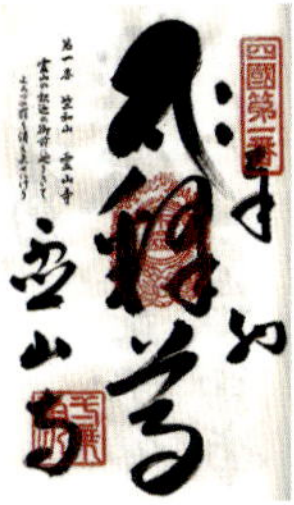

第**1**番札所

竺和山《じくわざん》 一乗院《いちじょういん》　霊山寺《りょうぜんじ》

天平年間に僧・行基により開基。仁王門の佇まいは四国八十八カ所の第一歩を踏み出すに相応しい威厳。本堂や仁王門横にお遍路用品店あり。また、境内に入ってすぐのところに縁結び観音があり、様々な縁結びにご利益があるとされる。

御朱印

第**2**番札所

日照山《にっしょうざん》 無量寿院《むりょうじゅいん》　極楽寺《ごくらくじ》

行基による開基。戦国時代に長宗我部氏の攻撃を受け、再建に時間を要す。弘法大師作といわれる本尊の阿弥陀如来は重要文化財。大師お手植えの「長命杉」は樹齢1200年以上で幹に触れれば長寿、その手で悪いところを触ると平癒すると言われる。

御朱印

第3番札所

亀光山《きこうざん》 釈迦院《しゃかいん》　金泉寺《こんせんじ》

天平年間に聖武天皇の勅命により行基が創建。境内にある「黄金の井戸」は、大師が巡錫中に水不足で悩む住民の声を聞き、自ら掘って湧き出たもの。井戸を覗いて影がはっきり見えると長寿、ぼやけて見えると短命という言い伝えがある。

御朱印

第**4**番札所

黒巌山《こくがんざん》 遍照院《へんじょういん》　大日寺《だいにちじ》

弘法大師による開基。大師が長く滞在して修法し、大日如来を彫って本尊にした。大日如来を本尊とする寺は八十八カ所中6カ所のみ。真言宗では「宇宙の中心、慈悲をもたらす最高の仏」とされ、寺号はこの本尊から由来。

御朱印

第**5**番札所

無尽山《むじんざん》 荘厳院《しょうごんいん》　地蔵寺《じぞうじ》

弘仁年間に嵯峨天皇の勅願を受け弘法大師が開基。本尊の「勝軍地蔵菩薩」は甲冑をまとい馬に跨る勇ましい姿。多くの武将による寄進を受けるも、長宗我部軍による兵火で全て焼失、その後再建。奥の院・羅漢堂には約200体の羅漢が並ぶ。

御朱印

第**6**番札所

温泉山《おんせんざん》 瑠璃光院《るりこういん》　安楽寺《あんらくじ》

谷に湧く温泉は万病に効くとされ、大師が薬師如来を刻み堂宇を建立。長宗我部の兵火の後、現在地へ。「遍路や旅人を泊めて保護せよ」と阿波藩主から指定された「駅路寺《えきろじ》」として遍路を保護。谷の温泉は枯渇するも、宿坊の長寿湯は現在も評判。

御朱印

第7番札所

光明山《こうみょうざん》 蓮華院《れんげいん》　十楽寺《じゅうらくじ》

3kmあまり奥の十楽寺谷堂ヶ原に弘法大師が阿弥陀如来を感得し、本尊を刻んで堂宇を建立し開基。長宗我部の兵火に遭い焼失、現在地に移転し再建。朱と白が映える中国風の鐘楼門がシンボル。盲目に霊験ある寺として知られる。

御朱印

第8番札所

普明山《ふみょうざん》 真光院《しんこういん》　熊谷寺《くまだにじ》

弘仁年間、弘法大師はこの地で紀州熊野権現を感得、千手観音を刻み、その胎内に熊野権現から授かった観音像を納め、堂宇を建立。戦国時代の兵火は免れたものの、昭和2年（1927年）の火災で本堂、本尊を焼失し、再建。多宝塔は四国地方最大規模。

御朱印

第**9**番札所

正覚山《しょうかくざん》 菩提院《ぼだいいん》　法輪寺《ほうりんじ》

現在地から4km離れた谷間に弘法大師が創建。壮大な伽藍を誇るも、長宗我部軍の兵火ですべて焼失。再建するも、安政6年（1859年）に失火により再び焼失するという再建の歴史を持つ。本堂では八十八カ所中唯一と言われる涅槃像（寝姿）の仏像を祀る。

御朱印

第10番札所

得《とく》度《ど》山《ざん》 灌頂院《かんじょういん》　切《きり》幡《はた》寺《じ》

弘仁年間、大師が旅僧姿でこの山麓に至った際、傷んだ衣の繕いを民家に求めたところ、機織りの娘が惜しげもなく布を差し出した。それに大師は感動し、娘の願いに応えて千手観音を刻んだところ、娘が千手観音へと即身成仏したという由来がある。

御朱印

第**11**番札所

金剛山《こうごうざん》 一乗院《いちじょういん》　藤《ふじ》井《い》寺《でら》

臨済宗の寺院。弘仁年間に弘法大師により開基。本堂の天井に描かれた30畳ほどの大きさの雲龍は必見。真言密教の道場として栄えるも長宗我部の兵火に遭い、臨済宗の南山禅師により再興された。以後臨済宗に改宗された。

御朱印

第12番札所

摩廬山《まろざん》 正寿院《しょうじゅいん》 焼山寺《しょうさんじ》

道のりは八十八カ所中最も険しい。開基は役行者《えんのぎょうじゃ》小角《おづぬ》。山が火の海と化したところ、修行に訪れた大師が真言で収める。また、大蛇が現れるも、虚空蔵菩薩が大師に力を貸し、岩窟に閉じ込める。奥の院への道のりにその岩窟が残る。

御朱印

第**13**番札所

大栗山《おおぐりざん》 花蔵院《けぞういん》　大日寺《だいにちじ》

弘仁年間、弘法大師による開基。大日如来のお告げにより像を刻んで本尊とし、堂宇を建てて安置。宿坊も人気。奥の院とされるこの地より5kmの山中にある番外霊場・建治寺は役行者《えんのぎょうじゃ》小角《おづぬ》の開基で、大師も荒修行した霊場として名高い。

御朱印

第14番札所

盛寿山《せいじゅざん》 延命院《えんめいいん》　常楽寺《じょうらくじ》

弘仁年間、弘法大師による開基。八十八カ所霊場唯一の弥勒菩薩を本尊とする寺。本堂に覆いかぶさるように枝を広げる大木は櫟《いちい》で、「あららぎの霊木」と呼ばれ、あらゆる病気に霊験を発揮すると言われている。

御朱印

第**15**番札所

薬王山《やくおうざん》 金色院《こんじきいん》　国分寺《こくぶんじ》

天平13年（741年）に聖武天皇が天下泰平を祈願して全国六十六カ所に建立した国分寺のひとつで、天皇の勅命により行基が創建。長宗我部の兵火で焼失後長く廃寺となるも、寛保年間に再建、以来曹洞宗寺院となって現在に至る。

御朱印

第**16**番札所

光耀山《こうようざん》 千手院《せんじゅいん》　観音寺《かんおんじ》

聖武天皇が天平年間に国分寺を創立させたのと同時期に天皇の勅願道場として創立、弘仁年間に弘法大師により開基。長宗我部の兵火で焼失するも、寺院保護に篤い阿波藩主によって再建。「夜泣き地蔵」は子供の夜泣きや睡眠の悩みに効く。

蔵院《ぞういん》から先に「地蔵越え」という遍路道が待ち構えているらしい。「遍路道」と聞くだけで恐れおののく。歩いていると、歩道の微妙な凹凸や排水溝の蓋の穴さえ足の痛みに障る。

薄暗くなる中、地蔵院到着。そこで車が停まり、「乗ってく？」と運転席から声をかけられた。日暮れにさしかかっているので気を遣ってくれたのだろう。しかし、丁重にお断りする。本心は乗せてもらいたくてたまらないのに、それでも強がって歩き通したいのだ。そして、地蔵越え遍路道へ。お遍路の多くは徳島市中心部を歩くルートを通る。こっちのルートを通る人は少ないみたいで、ほかのお遍路に全然会わないし、遍路道はあまり整備されておらず、野性味が強い。薄暗くて少し気味が悪いけど、山自体はさほど高くないので、歯をくいしばって一気に乗り越える。

無事遍路道を越え、アスファルト道に戻ってからは真っ暗になり、車にも分かるよう、懐中電灯を手に持ちながら歩く。きつい。まだ着かないのかと一歩一歩懇願するように歩く。ようやく温泉施設の明かりが見えたときは助かったと思った。施設内に入り、荷物を下ろす。気が緩むと、もう自分の身体さえ支えられない。温泉に浸かる。湯舟で足をよく揉んで、上がったら足が痺れてうまく立てない。休憩所に腰をかけ、また爪楊枝を刺して水ぶくれの水を抜いたり、ビワエキスを塗ったりする。

温泉はよかった。ありがたく駐車場の隅に張らせてもらった狭いテントの中、懐中電灯の灯りで描いた絵を見直す。一七枚。少しずつ絵が増えてくる喜びを感じる。

テント泊も慣れてきた。灯りを消して、目を閉じる。

Column

遍路道について

四国八十八カ所の巡礼道のうち、アスファルト道が約九〇%、山林などの野道が約一〇%という。野道の遍路道では虫、マムシにイノシシなど何が現れるかは分からず、「遍路ころがし」と称される遍路道はまるで登山のような趣さえ感じさせる。野道では足を滑らすことも多々ある一方、アスファルト道の硬さは足にダメージを蓄積させる。「遍路ころがし」にはまさに転がされ、汗まみれにされる厳しさがあるが、歩き遍路たちはいつしか「遍路ころがし」に畏怖と愛情を抱くようになる。

番外霊場・地蔵院

新四国曼荼羅霊場第七十五番札所。弘法大師による開基で本尊は目惹地蔵菩薩。安産祈願所として栄え、今も安産祈願に訪れる人が多い。

靴について

僕はお遍路の第一期と第二期で違う靴を履いた。第一期はナイキ社のゴアテックス機能付きジョギングシューズを選んだ。サイズはぴったりだったけど、そのせいか水ぶくれが出来まくり、ぴったり過ぎてむくんだときにつま先が痛んだ。クッションもアスファルトの固さに歯が立たなかった。第二期はサイズが大きめのダナー社のトレッキングシューズに替えてみたが、やっぱり水ぶくれは出来まくった。歩いていると靴の中が蒸れるので、まめに靴下を取り替えると水ぶくれ防止になる。でも、洗濯のことを考えるとそう頻繁に靴下を替えたくもない。歩き遍路では、足元をどうするかがとても難しい問題である。

第６日
風景や文化を楽しむ余裕がない

◉二月二八日／歩行距離二三・五キロメートル／描いた寺 二寺

徳島県徳島市八万町～勝浦郡勝浦町〔野宿／星谷運動公園〕

朝、目覚めた後にテントをかたづけていると、声をかけられた。「これ、持ってきな」と中年の男性からたくさんミカンをもらう。うれしさがじわっと広がる。荷物は重くなるけど、人からのご厚意は重いものなのだ。

第十八番恩山寺《おんざんじ》まで約一一キロメートル。徳島市から小松島市へ入り、広い国道を通って町を抜ける。アスファルト――これが足の負担の大きな原因だと身に沁みて分かる。足を引きずりながら、こんなはずじゃなかったと思う。気ままな歩き遍路のつもりだったが、すでに風景や文化を楽しんでいる余裕が失われ、足や肩の痛みに囚われ続ける。荷物を下して一服する回数も増えた。靴を脱いでしばらく座っていれば少し楽なのだ。そうやって痛みをごまかしながら、何とか前に足を出していく。

「恩山寺まで残り三〇〇メートル」という看板があった。でも安心はできない。一般道から寺へ入っていく道はだいたい最後が厳しい登り坂になっていることが分かってきたのだ。そして、着いたら描かなくてはならない。ため息が出る。礼拝、納経、絵描き。

恩山寺から**第十九番立江寺**《たつえじ》までは四キロメートルとある。ここから一時間以上歩くということ

ずいぶん楽しそうに歩いているけど、あと300m、
ここからが長いんだよな～

美しい夕焼け

だ。最初は時速四キロメートルで計算していた歩行速度も、今では三キロメートルくらいがやっとだ。テント、防寒着、寝袋、画材、ガスバーナーにボンベまで入れたこの巨大な荷物が恨めしい。でも、これらは僕が選んだ旅の必需品だ。バックパックはいわば動く家で、僕の煩悩でもある。煩悩は、重い。僕はそれだけ欲深い。そのことを悔いるまい。

悪人はこの先に行けないと言われる阿波の関所寺・立江寺到着。礼拝、納経、絵描き。そこから今晩の野宿スポット、第二十番鶴林寺《かくりんじ》の麓にある星谷運動公園までさらに一〇キロメートル歩き、公衆トイレの前でテント設営。途中あったコンビニで今晩と明朝の食糧を買い込んだものの、コンビニから公園までの約二キロメートルは、増した荷物の重みに心底うんざりした。自分の欲、煩悩の重さがますます恨めしい。

明日のお遍路は、本当にやばい、と思った。何がやばいかって、こんなヘロヘロになった状態で、明日挑まなければならない二十番とその次の二十一番が、あの十二番焼山寺に次ぐ徳島の難所・遍路ころがしだというのだ。この状態で二つの山を越えなければならない。今の僕に、そんなことが本当にできるのだろうか。

Column

一日の歩行距離と日数

最終的に僕の一日の最長歩行距離は三四・六キロメートルだった。相当無理をしてその距離だ。頭の中ではもっと歩けそうな気もするけど、荷物の重さもある。大人の平均歩行時速四キロメートルで八時間歩いて三二キロメートル、なんて都合よくは歩けない。無理をすればダメージが残る。自分に合った歩行距離をつかみたい。八十八カ所結願《けちがん》までを三〇日台で歩くスピード自慢もいれば、のんびり五〇日や六〇日かける人もいる。どんなスタイルであれ、自分らしいお遍路をするのが一番だ。

第7日

謎の女性に再び出会う

◉三月一日／歩行距離二〇・一キロメートル／描いた寺 二寺

徳島県勝浦郡勝浦町〜阿南市新野町［旅館泊］

「一に焼山《しょうさん》、二にお鶴《つる》、三に太龍《たいりゅう》」と言われる徳島三大遍路ころがしのクライマックスがやってきた。昨日買っておいた弁当などを食べ、テントから這い出す。曇り空の下、金剛杖で威勢よくコツンと地面を一突き。「さぁ、行きましょう！」

第二十番鶴林寺《かくりんじ》までは麓から三キロメートル余りだけど、五〇〇メートルの山を一気に登る。勾配がきつく、途中からは階段状になっている。「いつまで続くの!?」と愚痴りたくなるほど長い坂だが、朝一番の元気で乗り切り一時間ほどでお寺に到着。きついことはきついが、焼山寺に比べれば全然やさしい遍路ころがしだった。でも、息は切れ切れで、全身汗だくだ。

「おはようございます」。お寺の境内を箒で掃く若い女性と挨拶を交わす。絵を描き始める僕に、「絵を描かれるんですか。すごいですね。えっ！　北海道から！　すごい！」と言われ、何だかうれしい。ここ数日足が痛いの荷物が重いのと苦しんでばかりいたので、若い女性にほめられて俄然元気になる。アルバイトなのか、どこか別の県から来て数カ月滞在しているそうだ。絵を描き終わった後の納経も彼女がしてくれた。詳しいことは聞かなかったけど、八十八カ所の絵が全部できたら見せに来たいもんだなんて思ったりして……。自分はこれだからダメなんだと思った。

浮わついた心は、次の道のりでへし折られる。登ってきた道と同じような急勾配を、今度は下りる。下りはいいなと思っていたのは最初だけで、荷物の重みで加わる勢いを抑えながら下るのは足に大きな負担がかかる。息が上がらないだけましだけど、弱った足にとても悪い。

登った山をすっかり下りて、そこから**第二十一番太龍寺《たいりゅうじ》**までまた一から山を登る。眼前にそびえる鬱蒼と木々の茂る山に、気力が萎えそうになる。「何のためにこんなことをしてるんだ」という思いが頭によぎる。いや、歩き抜く、描き抜くと決めたんだ。体育会系で鍛えた身、これしきで音を上げるか。そう思って歯をくいしばり登る。先ほどの女性のことも忘れた。登っている間は足の痛みも分からなくなる。一歩でも上へ。高校時代のラグビー部のハードな練習に耐えたことがしょっちゅう頭に浮かぶ。五〇〇メートルの標高まで、七キロメートル弱の山道を三時間半ほど登る。

途中から雨が降り出し、風の勢いが強まる。カッパを着て、バックパックにも用意してきた大きいビニール袋をかぶせる。それで歩くと身体はすぐに蒸れ蒸れのべちゃべちゃになった。今年の春一番だったという大風と横殴りの雨に煽られながら、太龍

鶴林寺へ向かう木の階段道

寺に到着。まず絵描き。紙を濡らしたくないので傘をさしてみるが、強風でまったく役に立たない。絵を描くには非常に厳しい環境だ。ジェットストリームという水性ボールペンで描いた下描き線は、少しにじんだものの何とか耐えたが、色は着彩したそばから洗われるように雨で流されてしまう。

悪戦苦闘しながら絵を描いていると、なんと四番ですれ違ったあのダウンコートの女性が片手に折りたたみ傘を持ちつつ濡れた格好でそばにいて、唖然とした。この悪天候の中、この山奥までの道のりを、ダウンコートにボストンバッグ一つの杖さえ持たない彼女が歩いてくるとは。それも、僕もあれほど苦しんで越えてきた十二番も二十番も乗り越えて。

絵を描く手を止め、彼女に声をかけてみた。「ひどい雨だね。これ、荷物にならないでしょ。お接待。食事取れそうなとこもないし、まだ次までもうちょっとあるから」。ポケットを探って彼女に非常食用に買っておいたチョコレートを差し出す。彼女は「ありがとう」と言って受け取ったが笑顔はなかった。

絵描き後、礼拝、納経。太龍寺から次の二十二番までは「いわや道・平等寺道」という昔からある遍路道があるけれど、納経所で「この雨では危険だから」と諭され、約一一キロメートルのだらだらした下りの車道を無心で歩く。雨は弱まってもアスファルト道のつらさは変わらない。足は相変わらずダメだ。

夕方、やっとこさ宿に着き、すぐに着替えて洗濯物を洗濯機に入れた。ボストンバッグの女性とも同宿となり、夕食時、他のお遍路さんも交えて一緒に食卓を囲んだ。彼女は次の二十三番で一旦打ち終えるとのこと。誰も「何でお遍路しているの」とは聞かない。もちろん、僕も聞かないし、自分のことも聞かれない。誰しもがそれぞれのドラマを生きていて、さまざまな荷物を抱えている。お遍路同士、詮索をしないのは暗黙のルールなのだ。

その後、彼女に会うことはなかった。二日目からしばらく同じ道のりを歩いていたという小さなご縁があっただけだった。僕は彼女がお遍路をする理由を想像し、実は彼女のボストンバッグの中には何か良からぬものが入っているんじゃないか……などと思ったりしていた。それくらい、彼女にはちょっと異様な雰囲気が漂っていた。僕はその後の八十八番に到着するまでの道のりで、彼女ほどお遍路らしくない恰好をしたお遍路を見かけることもなかった。

ピンクのダウンコートにボストンバッグの若い女性。今でも印象深い彼女の姿を思い出す。

Column

僕の非常食について

僕はコンビニを見つけるたび、常にナッツ類を買って補充しておくようにした。好物だからというのもあるけれど、ポケットに入れておいて小腹が減ったときにちょうどいいからだ。チョコレートが第二の非常食。カロリーが高くてかさばらず軽いものを用意しておくのがいい。遍路道では場所を逃せば「飢える」し、山中で食糧が切れたら大げさではなく死活問題になる可能性がある。これらの非常食は最後まで本当に重宝した。

第8日

荷の重さに辟易しながら海に出る

◉三月二日／歩行距離一九キロメートル／描いた寺 二寺

徳島県阿南市新野町〜海部郡美波町［野宿／道の駅・日和佐］

朝、礼拝、納経し、**第二十二番平等寺《びょうどうじ》**を描く。納得のいく絵がなかなか出来ない。時間配分、表現、構図……。課題山積。なんとか立て直していかなければ。

朝九時半、第二十三番薬王寺《やくおうじ》に向かって一九キロメートルの道のりがスタート。「落石注意」「路肩注意」といった看板が立つ、車の行き来がほとんどない鬱蒼とした竹林の隘路を抜ける。薬王寺のある美波《みなみ》町日和佐《ひわさ》まで遍路道は山コースと海コースに分かれるが、海を見ようと海コースを選択した。

途中、若いお遍路さんが道端に座って休みながら携帯を見ていた。声をかけてみると、「足、痛いんですよ」と言う。「そうだねぇ。痛いよね。でも、急ぐ必要はないんだからマイペースで」などと励まし、別れを告げて先へと進む。「おれは足を引きずっているけど、まだまだいける」と心の中で思う。同情の声をかけながら優越感を抱く自分の心にいやらしさを感じる。

でも、自分だって楽なわけじゃない。闘いに勝たなければいけないのだ。この肩に食い込むバックパックの重みだって克服しなくちゃいけない。痛さを何とかしたくて、ストラップのベルトをきつくしたり緩めたり、手を添えてみたり担ぐ格好にしてみたりしてあれこれ体勢を変えてみるが、どれも結局その場凌ぎにしかならない。荷の重さはどうしようもない。こらえて歩き続ける。由岐《ゆき》に出て、眼前に海を見る。山奥で喘いできた思いも濯《そそ》がれるような青い海だ。浜に沿って歩いていると、「カニ注意」の看板。この地域に生息するアカテガニという蟹が産卵時に道を横断するんだそうで、誤って踏まないようにとの配慮のようだ。

漁港を横目に、田井ノ浜《たいのはま》、木岐《きき》と歩を進める。途中、句碑の並ぶ「俳句の道」という海沿いのちょっとした遍路道へ。野山を越えながら五時間で日和佐に到着。「瑜祇塔《ゆぎとう》」という薬王寺の赤い塔が目に飛び込んでくる。これが見えたら、お遍路はだれもが皆感動することだろう。**第二十三番薬王寺《やくおうじ》**

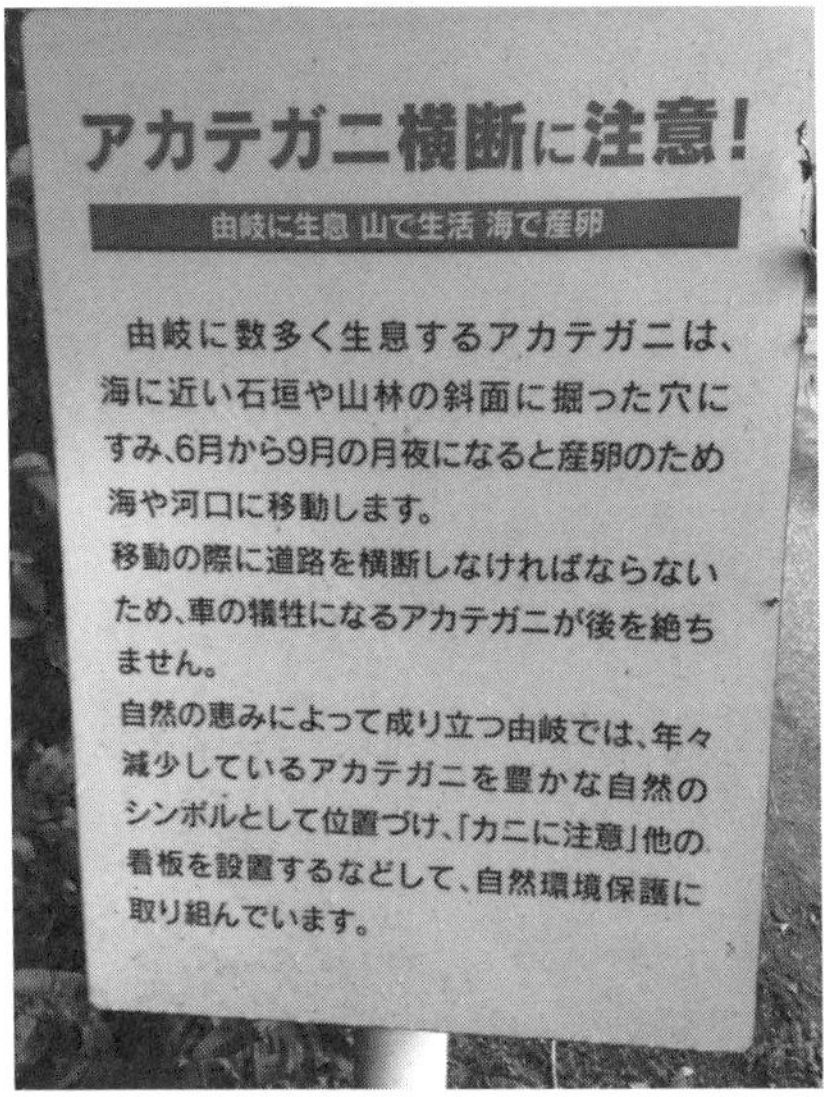

カニにもやさしい遍路道

美しい海

到着。少し離れた場所から見上げるように寺を描く。その後、境内に入り礼拝、納経。

薬王寺は「発心《ほっしん》の道場」と呼ばれる徳島県最後のお寺だ。徳島県だけで遍路道の厳しさをイヤというほど味わった気がする。歩き遍路をしながら絵を描くという難しさと画家としての力不足も。でも、「もっとうまく描きたい、描けるはずだ」という思いは消えない。いや、その思いはどんどん強くなってくる。だから、さらに先を目指す。

薬王寺の前にあるうどん屋でうどんを食べて、お寺に隣接する薬王寺温泉に浸かる。弘法大師がこの地に薬王寺を開創した際に湧き出た霊水が起源だというありがたい温泉だ。じっくり浸かって明日の活力を得る。

道の駅でテント泊。日記を付けて消灯。

第９日

海を見ながらただひたすら歩く

徳島県海部郡美波町〜海部郡海陽町［野宿／道の駅・宍喰温泉］

◉三月三日／歩行距離三三キロメートル

ここからは室戸岬に位置する第二十四番最御崎寺《ほつみさきじ》を目指して七五キロメートルの長行軍。覚悟は出来ている。今日は海沿いに八時間歩き、次の野宿ポイントである三三キロメートル先にある「道の駅・宍喰温泉」を目指す。

海を見ながらひたすら歩く。車道はガードレールがないところが多く、いささか歩きにくい。ただ、歩道のさらに内側にお遍路のため（？）の「グリーンライン」が施されているところがあり、ありがたい。

足や肩の痛みなどを抱えながらも無心で歩いているのだが、時々ふっと過去の過ちを思い出したりしてどうしようもなく自己嫌悪に陥るようなときがある。疲れから弱気になっているのかもしれない。うれしかった記憶よりも苦しかったことのほうが多く思い出されるのは性分だろうか。

牟岐《むぎ》を出たところでローソン発見。コンビニに出くわすことの少ないお遍路の道のりで、ローソンの存在がこんなにうれしいとは。自分のコンビニ依存度を痛感する。少し休憩し、また歩く。午後三時を過ぎ、宍喰《ししくい》までもう少しという国道沿いのスーパーの前で、「もうだめだ」と荷物を下して座り込む。へとへとだ。しばらく日差しを受けながら、行き交う車を虚ろに眺めていた。しかし歩みを止めるわけにはいかない。一五分くらい経って、また腰を上げる。一歩でも前へ。

日も傾き出した頃、「道の駅・宍喰温泉」に到着。安堵から大きなため息をつく。ここにも日帰り入浴できる温泉がある。浸かったら身も心もぐったりした。足裏はしびれ、悪寒がするほど痛い。今の自分なら、ちょっと押されただけでしりもちをつくだろう。足の処置をしながら気づいたが、両足裏の親指と人差し指の付け根部分に広がる水ぶくれの箇所がどうやら少し化膿しているようで、イヤな臭いのする濁った液体が出た。爪楊枝なんかで穴を開けているせいかもしれない。消毒液も持っていないし、触ると太ももの付け根のリンパも腫れている。これじゃあ足も痛むわけだ。

明日も二七キロメートルの行程を組んでいる。過酷だなぁと思いながら、テント内で懐中電灯の灯りを消す。

グリーンラインの内側を歩くと楽だ

Column

足の水ぶくれについて

水ぶくれは歩き遍路が向き合わずにはいられない強敵だ。穴を開けて水を抜く針、消毒液は必携。衛生状態が悪ければ僕のように化膿させてしまう。糸を通した針を水ぶくれに貫通させ、糸をそのまま残しておくと糸が水を吸うので水がたまらなくていいという説もある。靴下が蒸れて汗ばむと出来やすくなるので、こまめに靴下を乾かすもしくは替えるのがベスト。でも、僕はあまり頓着せず、出来たものは辛抱して治るのを待つしかないと諦めた。一度水ぶくれが出来てつぶれたところにはもう出来なくなるという。それまでは、ただただ我慢して乗り越えるのみ。そうして「一皮むけて」遍路足が完成する。

第10日

絶対勝ち抜いてやると僕は思った

◉三月四日／歩行距離二六キロメートル

徳島県海部郡海陽町〜高知県室戸市佐喜浜町［旅館泊］

「道の駅・宍喰温泉」での朝。テントに霜が下りていた。寒さよりも、テントに付いた霜の水分で荷物の重みが増すほうが気重だ。

昨夜は道の駅に隣接するホテルの温泉に浸かり、今朝はお金を払ってホテルの朝食バイキングを食べた。テント泊をする自分ではあるが、決してストイックではなくて、いわば「ストイック風」だ。しっかり朝食をとれば活力も出る。この日の宿は二六キロメートル先の宿をすでに取ったし、二六キロメートルならそんなに急ぐ必要もない。さぁ行こう。

歩き始めて程なくして、高知県に入る。徳島県の「発心の道場」から、「修行の道場」へ。果たしてどんな修行場が待ち構えているのやら……。今日は一本道だし寺もないから絵を描く時間も考えなくていい。甲浦《かんのうら》に差しかかったところにミカンの直売所があった。知り合いにミカンを発送しようと思って小休止。気持ちものんびりしている。

海を眺めて歩きながら、この道のりを誰かと一緒に歩くなんて無理だろうなと思った。僕のこの歩みの遅さじゃ連れに迷惑をかけるし、連れの足を引っ張るのが自分だと思うと、耐えがたい。どうも僕は自意識が過剰なようだ。情けない姿を人に見せたくないのは、ただカッコを付けたいだけなのかも知れない。

乗用車やトラックが飛ばして走る国道の一本道。歩道が右にあれば道路を横断して右へ、左にあれば左へ移動しながら、海岸線に沿って雄大な波の揺らぎを眺めながら無心に歩く。途中、野根《のね》という町に入ったとき、「野根まんぢう」と書かれた商店があった。名物のようなので数個買って、まんじゅうをかじりながら歩く。

二日前に日和佐を出発してから約六〇キロメートル。ようやく本日の宿に着く。夕食は年輩の歩きお遍路さん数人と一緒になった。皆男性で、ビールを飲んだりしながら楽しそうに語り合っている。定年退職したくらいの年代に見える。三〇代後半で寺の絵を描きながら歩いている僕のような存在はやや場違いな気がして、声をかけてくれた男性とちょっと喋っただけ。

絵を描くことも歩き遍路をすることも、孤独な闘いにはちがいない。勝たなければいけないのは自分に対して。

絶対勝ち抜いてやる、と僕は思った。

Column

お遍路おじさんたち

僕が見かけたり話したりした歩き遍路の人たちは、六〇代以上の男性がもっとも多く、女性は少なかった。「家にいてもおっかあに煙たがられてさ」とこぼす男性に何人も出会い、退職した後の歩み方を垣間見る思いだったが、貯えはあるけれどすることが見つからない、それでお遍路をするという人も多いようだ。お遍路宿は一泊六〇〇〇円前後と、若者バックパッカーにはやや高い価格設定がされている。中年の男性たちが宿の夕食で楽しそうに「どこがきつかった、どこがおいしかった」と語っている姿は、冒険旅行を楽しむ少年のようにも見えた。

第11日

宿はやっぱりいい

◉三月五日／歩行距離二一キロメートル／描いた寺二寺

高知県室戸市佐喜浜町〜室戸市室津［旅館泊］

宿はやっぱりいいな。ごはんを出してくれる。お風呂に入れる。洗濯できる。気持ちが委ねられる。リラックスできる。毎晩野宿するほどストイックではなく、毎晩宿に泊まれるほどお金に余裕があるわけでもない僕には、適度に野宿、適度に宿泊というのがいい。

薬王寺から最御崎寺までの長い道のりも、残りあと一五キロメートル程だ。宿を出発してからの道のり、六〇代と思しき男性のお遍路と歩くペースが重なった。相手が一服するとこちらが抜いてしまうし、こちらが休むとまた抜かれる。だからと言って話しかけて一緒に歩こうという気にはならない。気にしなければいいのに、どうにもペースが乱れて困る。お遍路はスピード競争じゃないし、こちらは寺に着いたら一時間絵描きタイムがあるからどうせ置いて行かれるのだけど、歩く速さでは負けたくないという妙な負けん気が頭をもたげる。ペースが重なってこういう何となく気まずい状態になるということが時々起こる。惑わされる気持ちは修行が足りない証拠でもある。仕方がないことは諦めて、黙々と歩くだけだ。

室戸岬の手前に「御厨人窟《みくろど》」という番外霊場の洞窟がある。弘法大師は一九歳の頃、暗いこの洞窟の中で求聞持法《ぐもんじほう》を徹夜で修業し、明星が口の中に入ることで悟りを開いたという。歩くだけで精いっぱいの人間にとっては空海の逸話はどれもこれも超人的だ。洞窟前で礼拝し、その上の山を登って午前一一時、**第二十四番最御崎寺《ほつみさきじ》**に到着。最後の山登りがきつかったが、山の上から室戸岬と真っ青な太平洋を見渡すのは格別だった。礼拝、納経、絵描き。

　室戸岬の先端にあるということもあって人気のお寺なんだろう、お遍路ツアー客もたくさんきている。重そうな荷物を背負った歩き遍路の僕に対し、「わぁすごい荷物。大変でしょ」と声をかけてくる。汚れものを見るような視線も感じなくもない。でも、歩きでもバスツアーでもレンタカーでもタクシーのチャーターでも、ホテル泊でも野宿でも、遅くても速くても、別にどうでもいいことだと思う。それぞれ何らかの思いを携えてお寺を廻る。厳しい道のりを歩いたからと言って褒める必要はなく、楽をしているからと言って責められる必要もない。みな自分がしたいからやっている。絵を描くこともそうだ。他人がどうこう言うような性質のものではまったくない。お遍路は、徹頭徹尾、個人的な修行道なのだ。

　丸二日絵を描かなかったから、絵を描きたくなっていた。絵を描きたい――そんな強い思いが、

番外霊場・御厨人窟

歩き遍路の原動力となっていることを再認識する。
山を下りたら海岸線沿いにヤシの木が並んでいて、南国の風情を感じた。あと六・五キロメートル歩いて**第二十五番津照寺《しんしょうじ》**も打つ。礼拝、納経、絵描き。門前横の商店でミカンを買って、今日も宿でゆっくり休む。

Column

遍路宿の予約について

野宿型テント持参歩き遍路でも、たまに宿泊すると大いに疲れが取れる。無理のない距離で無事たどり着けるような地点の宿を選び、可能な限り前日までに予約をするのがいい。途中でトラブルが起きたり無理な日程を組んだために予約した宿にたどり着けず、当日にキャンセルしたりすると食事の準備をしている宿の方に多大な迷惑をかける。こういうお遍路のキャンセルに苦しむ宿も多い。それどころか、連絡もせずに予約した宿に行かない無礼なお遍路もいるらしい。そういった行為は宿に被害を与え、他のお遍路への信頼も損なう。宿の方々はお遍路を大事に思い、信頼している。お遍路もそれに応えなくてはいけない。

求聞持法とは

虚空蔵菩薩求聞持法《こくうぞうぼさつぐもんじほう》。一定の作法に則り、一〇〇日間かけて真言を百万遍唱える修行法。これを修めると、あらゆる経典を記憶し、忘れることがなくなるという。

四国八十八カ所は世界遺産に値する。でも……

●三月六日／歩行距離二二・二キロメートル／描いた寺 一寺

高知県室戸市室津～安芸郡田野町 ［野宿／道の駅・田野駅屋］

くどいようだが、宿はいい。上げ膳据え膳で、洗濯もばっちり。テレビも見たりして、俗世界に戻ったみたいだ。

十分な量の朝食を食べて、出発。爽やかな朝。津照寺前の漁港の水面に日が照り返してまぶしい。津照寺から**第二十六番金剛頂寺**《こんごうちょうじ》までは三・八キロメートル。午前の早いうちに着く。「頂寺」と名が付くだけあって、また山登り。寺まで残り一キロメートルを切っても、相変わらず境内に入るまでが険しい。お大師様から「そう易々とは心を開きませんよ」と言われているかのようだ。

絵は一時間のうちに描き切り、まずまずの出来。下描き用のボールペン（三菱鉛筆のジェットストリーム）は0・5、0・7、1・0㎜と三本備えてきたが、今回は最も太い1・0㎜だけで進めてみた。少しずついろいろな描き方を試していこうと思う。

続く二十七番までは長距離を歩く。二七・五キロメートル。今日中にはたどり着けないので、まずは途中の田野にある道の駅を目指す。

かなり頻繁に休みを取る。それでも重い荷物を支える肩の痛みはひどくなり、足は輪をかけてひどい。両足とも親指と人差し指の付け根の下の水ぶくれを中心に痛んだが、さらに両小指にも水ぶくれが出来た。回復するのかな。いや、歩き続けている以上、回復するはずはない……という絶望感。

あちこちで、「四国八十八カ所を世界遺産に」と書かれた看板を目にする。こうして実際に歩いてみると、お遍路の歴史とお接待の文化、それにこの半端ないアドベンチャー感は世界遺産に値すると確信できる。だが、「ゴミの不法投棄は通報します」の立て札の多さが目に余る。実際に山の中や道端に散見される不法投棄されたゴミは実にひどい。それらが皆お遍路によるものとは思わないが、ちょっとでも荷を減らしたい歩き遍路にとって、物が捨てられるゴミ箱がなかなか見つからないという厳しい現状の中ではついついポイ捨てしてしまうこともあり得るだろう。鄙《ひな》びた山間の

山には放置されたテレビが……

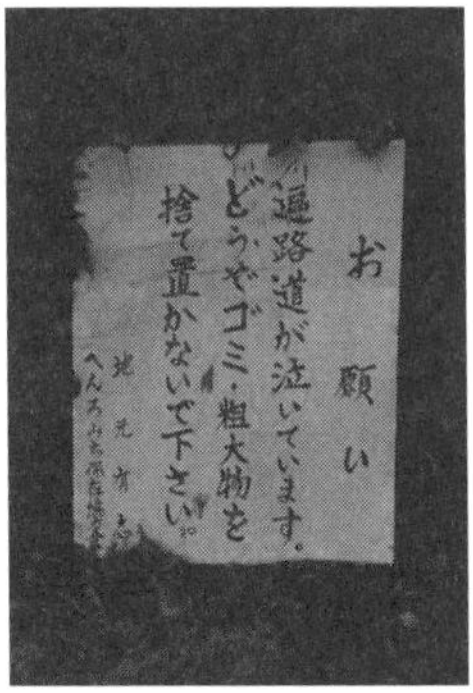

へんろみち
保存協力会の
切実な思い

ストップ・ザ・
ゴミポイ捨て

集落などを頻繁にゴミ収集車が回るというのも無理があるのは分かるが、こうもゴミ箱がないと宿に泊まってお願いするか、コンビニで捨てさせてもらうほか仕方がない。

こんなにもお接待の文化が行き渡る四国である。たとえばこんなお接待をお願いできないだろうか。「ゴミ箱のお接待」として、歩き遍路のルート上に、ゴミ収集車が回りやすい場所でいいから「歩き遍路用ゴミ収集スポット」を作る。そうすればお遍路地図にも記載でき、お遍路たちも何とかそこまで我慢してゴミを抱えて歩くだろう。そのようなことでもして路傍に打ち捨てられたゴミとのぼりの丁々発止を終わらせないかぎり、世界遺産への登録には時間がかかるのではないだろうか。

ニコニコ笑顔で寄ってきて「お接待」と称して缶コーヒーやミカンをくれる人々のご厚意は本当にありがたい。いただいたお接待の品々を飲んで食べてゴミはバックパックにしまう。海は穏やかに凪《な》いでいる。今日はずいぶん暖かい。

夕方までに「道の駅・田野駅屋」に到着。近くの「二十三士《にじゅうさんし》温泉」にゆっくり浸かる。僕は温泉をはしごする「温泉遍路」でもあるようだ。

湯上がり後、白衣に忍ばせておいたアロエの葉をポケットから取り出し、折って染み出た汁を水ぶくれの患部に付ける。高知の海沿いを歩いていると野生のアロエがあちこちに生えていて、ちょっと失敬しておいた。昔ウチにやけどや傷に効くというアロエの軟膏があったので、生アロエ汁も効果があるんじゃないかと思ったのだ。勝手な自己療法だが、何でも物は試しだ。

この日は久々に道の駅でのテント泊。朝起きたら疲れと足の痛みが少しでも取れていますように。

第13日

アロエ効果なのか遍路ころがしも大丈夫だった

◉三月七日／歩行距離三〇キロメートル／描いた寺　一寺

高知県安芸郡田野町～安芸市赤野［野宿／赤野休憩所］

第二十七番神峯寺《こうのみねじ》は「真《ま》っ縦《たて》」と呼ばれる勾配四五度の急坂を、崖のような標高四三〇メートルの山の上まで一気に登るという道のりで、海岸沿いの平地歩きが続く高知県「修行の道場」唯一の遍路ころがしである。何とも不思議なことに、今日は一転して足の状態がずいぶん良く、野宿した道の駅から神峯寺までの一〇キロメートルほどの道のりも苦にならなかった。もちろん真っ縦を登るのには息切れし大汗をかいたが、想像していた厳しさではなかった。生アロエ汁の効果だろうか。

礼拝、納経、絵描き。すべてが無事に終わったところで、おととい最御崎寺《ほつみさきじ》の到着前に宿で一緒になり、僕に声をかけてくれた五〇代後半と思しき男性と境内で再

真っ縦を登る。マムシ注意の札にビビる

会した。足のマメがひどくなって、彼はこの寺でのリタイヤを決めたという。どれだけきつい思いをしてきたことか、そしてリタイヤがどれほど悔しいことか。やめると決めるにも大きな勇気が必要だったはずだ。「修行の道場」に入ると札所間の距離が長い（高知県は四国四県の遍路道中で最も長い三八四・六キロメートルの距離に、札所は最も少ない一六カ所だ）。傷んだ足でアスファルトを歩き続けるのはさぞきつかっただろう。僕は心底その男性を気の毒に思った。リタイヤすれば、自分に負けたと自信を失うかもしれない。自分を顧みれば、まだこうして歩けることを幸せだと思う一方で、やめられるものならやめてしまったほうが楽だという気も正直している。歩き遍路を続けながら、毎日こうした自問自答が続く。

男性に別れを告げて、登ったのとまったく同じ道を下って再び海岸線を行く。そこからの海岸線は、防潮堤が歩道になっていて歩きやすい。夕方四時過ぎに安芸《あき》市に入る。調べておいた人工温泉のスーパー銭湯に立ち寄り、まだ明るいうちに湯に入ることができた。海を眺めながら湯に浸かるその気持ちよさと言ったらなかった。

予定の野宿スポットはそこからさらに五キロメートル強の赤野休憩所。風呂上りにもうしばらく歩く。途中コンビニで食糧を買い込み、荷物をさらに重くして暗くなった海岸線を懐中電灯片手に歩く。せっかく風呂に入ったのにまた汗まみれになった。

しかしとにかく、足はずいぶん良くなって、気持ちが軽くなっていた。

明日も今日のようにすいすい歩けますように。

第14日

お遍路足の完成を確信する

◉三月八日／歩行距離三一・三キロメートル／描いた寺 二寺

高知県安芸市赤野〜高知市一宮［野宿／一宮墓地公園］

テント泊した赤野休憩所から次の**第二十八番大日寺《だいにちじ》**までの一六キロメートルを五時間かけて歩く。津波避難用の櫓《やぐら》を見かけるのは、海抜が低い地域のいざという時の備え。そういう時がこないことを願う。途中、「職業遍路」といった種類の人たちが集まることで知られる休憩所を通り過ぎた。廻れない人の代わりに納経帳に御朱印を集めてそれを売る人々のことを職業遍路という。お遍路にも様々な種類があって、中には仕事をせずお接待やお布施だけで暮らす世捨て人のようなお遍路や、人を騙す悪いお遍路もいると耳にする。僕のような「絵描き遍路」も他にいるのかなぁ。休憩所には腰かけて話しているお遍路さんが数人いたけど、僕は一瞥しただけで通り過ぎた。そのうちの一人のお遍路に、一服しているところで抜かれた。で、しばらくして彼がコンビニに入っていたところを僕がまた抜き返す。別にスピードにこだわっているわけではないのだが、どうしても意識してしまう。

歩きながら、僕の「お遍路足」が完成したことを確信する。両足の親指の付け根に広がったひどい水ぶくれは化膿を経て皮がめくれ切り、もはや痛みを感じなくなった。気になっていた両小指さえ痛みを感じない。スピードは上がらないが、足の楽さに気分も明るい。

大日寺到着。礼拝、納経、絵描き。

第二十九番国分寺《こくぶんじ》までさらに九・二キロメートル。田畑が広がる鄙《ひな》びた風景の中を歩く。のんびりとした心地いい光景だ。引率の先生とともに歩く一五人ほどの小学生の一行とすれ違う。「こんにちは！」「こんにちは！」と挨拶を交わす。皆楽しそうだ。僕はと言えば、足は楽になったものの、楽しんで歩くことをもうすっかり忘れてしまっている。そして午後になってくるとやっぱり足と肩がつらくなる。

夕方四時を回って国分寺に到着。先に絵を描くと納経時間を過ぎるので、まず礼拝、納経。そして、絵描き。描き終わったときはもう五時を回っていたけれど、手ごたえのある出来となった。

夜、岡豊苑《おこうえん》という温泉に立ち寄った後、真っ暗のなか懐中電灯を片手に歩き、一宮《いっく》墓地公園に到着。暗くてどこが墓地なのかも定かではない。公園とはいえ墓地近くのテント泊はさすがに気味が悪い。ためらう気持ちもあったけど、しかたがない。テントの入口に金剛杖を置いて一礼、お大師様のご加護を願って消灯する。

Column

御朱印帳と納経

「御朱印ガール」が現れるほど御朱印集めがブームになり、各種の本が出ているが、四国お遍路ではどこよりも充実した御朱印集めが出来るだろう。八十八カ所のみならず、二十カ所の番外霊場も合わせてお参りすれば、煩悩の数と言われる一〇八の御朱印を集められる。そういう意味では、四国お遍路はまさに大スタンプラリーともいえよう。八十八カ所全部埋まったら総本山の高野山にお礼参りに行き、御朱印をもらって納経帳を仕上げよう。ご利益のある家宝になること請け合いだ。

金剛杖について

　ウォーキングポールを杖代わりに持って歩く人も見かける。両手に持てば歩く推進力はさらに増し、遍路ころがしにも大いに役立つことだろう。でも、僕はやっぱり金剛杖《こんごうづえ》を勧めたい。金剛杖はお大師様の身代わりでいざという時の心の支えになってくれる。遍路ころがしでもお杖さんにしがみついていれば乗り越えられそうに思えるし、墓地や薄気味悪いところでもそばにあるだけで守ってくれそうな気がする。『四国遍路ひとり歩き同行二人（解説編）』には武器になると書かれている。曰く、「威力を発揮する用法は両手で突く。叩く力は遅くて弱い」とのこと。お遍路では「橋の上では杖をついてはいけない」というルールもある。

第15日

桂浜で土佐・高知を実感する

◉三月九日／歩行距離一八・六キロメートル／描いた寺 三寺

高知県高知市一宮〜高知市浦戸［国民宿舎泊］

お大師様の加護のおかげか自分の肝が太いのか、墓地公園のテント泊でもぐっすりと眠れた。明るくなってみると周囲はお墓だらけで、あらためてビビった。でも、夢に何も出てこなかったので良しとする。お大師様に感謝し、黙礼して出発。**第三十番善楽寺《ぜんらくじ》**までは目と鼻の先だった。朝いちで絵描き、礼拝、納経。経本を見ずにお経をあげてみた。開経偈《かいきょうげ》から廻向文《えこうもん》まで、いつの間にか暗唱できるようになっていた。

そこから高知市中心部の外側を七キロメートルほど歩き、五台山《ごだいさん》を登る。その小さな山の上に**第三十一番竹林寺《ちくりんじ》**がある。同じ敷地内には「日本の植物学の父」と呼ばれる植物博士・牧野富太郎の業績を顕彰する「牧野植物園」があって、お遍路は無料である。入ってみると、お客が結構いる。植物園のお客と同じ道を歩くのは何だか変な気分だ。植物園のお客も、お遍路装束の僕が絵を描いている姿をきっと奇異に思ったことだろう。視線を感じながらの絵描き、礼拝、納経。

さらに歩いて約六キロメートル、**第三十二番禅師峰寺《ぜんじぶじ》**へ。途中、昨日の道のりでしばらく抜きあいになった愛想のないお遍路にまた抜かれる。お互い特に挨拶もしない。禅師峰寺には彼に遅れて到着し、彼の隣でお経を読んだ。彼のお経のあげ方は実に大したもので、もしかしたら彼は僕のようなにわか坊主ではなく、本物の僧侶なのかもしれないと思った。不明を恥じる気分になる。納経、絵描き。

最後にもうひと頑張り、桂浜まで歩くこと六キロメートルほど。三里地区の海岸線沿いには大きなビニールハウスが立ち並んでいた。何かの花卉《かき》栽培をしているようだ。何棟も連なっているビニールハウス間には溜まった水が流れるように勾配のついた樋《とい》が施されている。大雪など降らないこちらでは、ハウスのビニールをはずすようなこともほとんどないのだろう。北海道のビニールハウス農法とは根本的に違うことが見て取れた。富良野で一〇年以上農家の手伝いをしている僕には

牧野植物園にあった土佐名物「皿鉢料理」を
花で作った図。前衛的だ……

ライトアップ龍馬

そんなことも興味深い。

いよいよ桂浜。高所恐怖症の僕には足のすくむような高さの浦戸大橋の歩道をおっかなびっくり歩いて渡り、今日泊まる国民宿舎に到達。国民宿舎は桂浜のすぐ上にある。部屋に荷物を置いて、足を引きずりながら桂浜公園へ行ってみる。ライトアップされた坂本龍馬像を見て大いに感動した。

「心はいつも、太平洋ぜよ！」

僕は今、土佐・高知にいるんだ。ようやくその実感が湧いてきた。

御朱印

第**17**番札所

瑠璃山《るりざん》 真福院《しんぷくいん》　井戸寺《いどじ》

天武天皇の勅願による開基で本尊の七仏薬師如来は聖徳太子の作と言われる。弘法大師が刻んだ十一面観世音菩薩は国の重要文化財。大師が掘った井戸は「面影の井戸」と呼ばれ、覗いて自分の姿が映れば無病息災と言われる。

御朱印

第**18**番札所

母養山《ぼようざん》 宝樹院《ほうじゅいん》　恩山寺《おんざんじ》

聖武天皇の勅願寺で行基による開創。ここで大師が修行した際、大師の母君が訪れた。しかし女人禁制のため、大師は滝行をして女人解禁の秘法を修め、それから母君を迎え入れた。大師の母君はここで剃髪して出家したことから、寺号も現在のものに改められた。

御朱印

第19番札所

橋池山《きょうちざん》 摩尼院《まにいん》　立江寺《たつえじ》

四国各県に1カ所ずつある関所寺のうちここが「阿波の関所寺」で、邪悪なものは先に進めないとされる。夫を殺め男と逃げてきた女がこの寺にたどり着いたところ、鐘の緒に髪が絡み、頭皮の肉ごと剥がれたという伝説がある。

御朱印

第20番札所

霊鷲山《りゅうじゅざん》 宝珠院《ほうじゅいん》　鶴林寺《かくりんじ》

桓武天皇の勅願により弘法大師が開基。大師がこの地で修業していると雌雄の白鶴が金色の地蔵菩薩を守護しながら降臨したという。本堂の両脇と仁王門にそれぞれ立つ一対の鶴の像が遍路を見守る。寺までの道のりは急坂の難所。

御朱印

第**21**番札所

舎心山《しゃしんざん》 常住院《じょうじゅういん》　太龍寺《たいりゅうじ》

桓武天皇の勅願寺で弘法大師による開基。本堂から御廟の橋、大師堂拝殿、その裏に御廟と高野山奥の院と同じ配列になっていることから「西の高野」と呼ばれる。「龍天井」と呼ばれる納経所横の持仏堂大廊下の天井に描かれた龍は必見。徳島第3の遍路ころがし。

御朱印

第22番札所

白水山《はくすいざん》 医王院《いおういん》　平等寺《びょうどうじ》

弘法大師による開基。大師が母君の厄除けを祈願していると空に五色の瑞雲がたなびき、その中に現れた梵字が薬師如来に姿を変えたという。その時大師が杖で掘った井戸の水は今でも湧き、万病に効くとされる。持ち帰りも可能。

御朱印

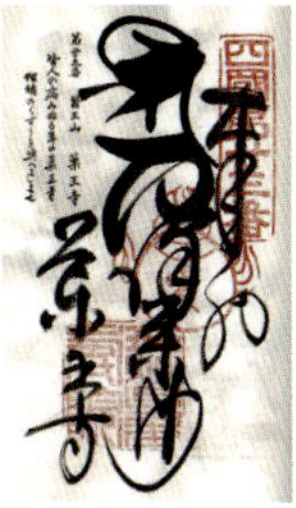

第**23**番札所

医王山《いおうざん》 無量寿院《むりょうじゅいん》　薬王寺《やくおうじ》

聖武天皇の勅願寺で行基開創。弘法大師が平城天皇から厄除け祈願寺を開くように勅命を受け本尊の薬師如来を刻む。以来厄除け寺として名を馳せる。女、男、還暦の3種の「厄坂」があり、一段ずつ賽銭を置きながら上がるのが習わし。

御朱印

第**24**番札所

室戸山《むろとざん》 明星院《みょうじょういん》 最御崎寺《ほつみさきじ》

無名の青年だった弘法大師が荒磯修行に訪れ、岬の洞窟（番外霊場・御厨人窟《みくろど》）で虚空蔵求聞持法《こくうぞうぐもんじほう》を修行し悟りを開いた。厳しい徹夜の修行中、輝く明星が飛来し大師の口に飛び込んだという。その岬の頂上に立つ嵯峨天皇の勅願寺。

御朱印

第**25**番札所

宝珠山《ほうしゅざん》 真言院《しんごんいん》　津照寺《しんしょうじ》

弘法大師が開基。海で働く人々の無事と豊漁を祈願し、延命地蔵を刻んで堂宇を建立し安置。土佐を支配した長宗我部氏が深く帰依。延命地蔵は別名「楫取地蔵《かじとりじぞう》」と呼ばれ、海で嵐に見舞われた土佐の初代藩主・山内一豊を救ったという。

御朱印

第26番札所

龍頭山《りゅうずざん》 光明院《こうみょういん》　金剛頂寺《こんごうちょうじ》

嵯峨天皇の勅願寺で弘法大師による開基。「東寺」と呼ばれる最御崎寺に対し、「西寺」とも呼ばれる。平安時代には室戸の大部分を寺領とする大寺院で、長宗我部氏、山内氏ら代々の土佐藩主からも信仰を集めた。

御朱印

第**27**番札所

竹林山《ちくりんざん》 地蔵院《じぞういん》　神峯寺《こうのみねじ》

高知・土佐の関所寺で、「真《ま》っ縦《たて》」と呼ばれる急坂は遍路ころがしの難所。当初は神社として創建、後に行基が本尊を安置して開基。三菱財閥創始者の岩崎弥太郎の母が息子の開運を祈願し、安芸市から21日間も通い続けたことで知られる。

御朱印

第28番札所

法界山《ほうかいざん》 高照院《こうしょういん》 大日寺《だいにちじ》

天平年間に聖武天皇の勅願で行基によって開創。明治初期に廃寺となるも、地元の人々の手により再興。本堂に安置される行基作の本尊・大日如来は寄木造りで中四国最大級とされ、脇仏の智証大師作の聖観音立像と共に重要文化財。

御朱印

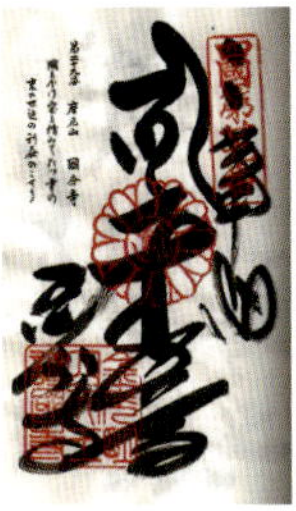

第**29**番札所

摩尼山《まにざん》 宝蔵院《ほうぞういん》　国分寺《こくぶんじ》

天平年間に聖武天皇の勅願で行基により開創、後に弘法大師が中興。『土佐日記』の作者・紀貫之が国司として滞在した地としても知られる。数多くの史跡が残るため、境内地全域が国の文化財指定を受ける。弥生時代の住居跡も。

御朱印

第30番札所

百々山《どどざん》 東明院《とうみょういん》　善楽寺《ぜんらくじ》

土佐神社の別当寺として大同年間に弘法大師によって建立された由緒ある古刹。現在奥の院となっている安楽寺が第30番札所だった時代もあったが、平成6年（1994年）に善楽寺が正式に第30番として公認、騒動に決着がついた。

御朱印

第**31**番札所

五台山《ごだいさん》 金色院《こんじきいん》　竹林寺《ちくりんじ》

聖武天皇は中国・五台山で文殊菩薩に会う夢を見、国内で五台山に似た山を探すよう行基に命じたところ、土佐の五台山を選び、自ら文殊菩薩を刻んで開創。庭園は見事で、五台山山麓に草庵を結んだ夢窓疎石《むそうそせき》の手によるものと言われる。

御朱印

第**32**番札所

八葉山《はちようざん》 求聞持院《ぐもんじいん》　禅師峰寺《ぜんじぶじ》

神亀年間に聖武天皇の勅願で行基が建立。大同年間には弘法大師も来錫、土佐の海の航海安全を祈願して十一面観世音菩薩を刻んで本尊とした。参道の石段は急だが、境内まで登ると土佐湾が一望でき、日の出と夕景が特に美しい。

第16日 愛用の絵筆を失くした！

◉三月一〇日／歩行距離三三キロメートル／描いた寺 三寺

高知県高知市浦戸〜土佐市宇佐町［旅館泊］

前日の少ない歩行距離を取り戻すため、そして温泉のあるいい宿まで行って泊まりたいという思いもあって、ちょっと無理したプランを立てる。一日に三寺描き、なおかつ三三キロメートル歩く行程。かなりきつい道のりだと思いつつ、宿の予約をしてしまった。こういうことが後々自分の首を絞める。

桂浜の国民宿舎から海岸線沿いを歩くと、長宗我部《ちょうそかべ》家の「一領具足《いちりょうぐそく》」の功績を記した碑がある。半農半兵の足軽に開墾領土を与えることで土地に定着させ、計算できる兵にしたと書いてある。長宗我部元親公の騎馬像もあった。元親を首領とする長宗我部軍は阿波・伊予・讃岐への四国攻めで数多《あまた》の遍路寺を焼失させた。もし四国の寺々が兵火に遭わなければもっと古い建築物が見られたのにと残念に思う。元親は祟られたりしなかったのだろうか。

そこから一キロメートル余り歩いて長宗我部家の菩提寺・**第三十三番雪蹊寺《せっけいじ》**に到着。礼拝、納経、絵描き。さらに六・三キロメートル歩いて**第三十四番種間寺《たねまじ》**へ。種間寺のある高知市旧春野町のあたりは田畑の間に太く水量豊富な水路が張り巡らされている。ここでは寺に着く前に、遠くから見える種間寺を周囲の景色と合わせて描く。まぁまずまずの出来と思いつつ、描き終わって道具をかたづけていたら、「ポロリ」と手から滑るようにして筆が落ちた。なんということか。その豊かな

水路うらめしや〜

水路の中に筆を落としてしまった。まるでスローモーションを見ているようだった。アーメン。一本しか持ってきていない愛筆の名器・ラファエルを消失。大きなショックと失意の状態でとぼとぼ種間寺に赴き、礼拝、納経。さて、今後どうしたものやら。

種間寺から**第三十五番清瀧寺《きよたきじ》**までの約一〇キロメートルがまた遠かった。残り一キロメートルから先が遍路ころがしかというくらいの急な坂で体力を大きく消耗した。寺の絵は、印象的な厄除け薬師如来像を入れて構図に変化を付け、筆の代わりになるものがないので指で色を塗ってみた。細かい塗り分けはできないが、色が線をはみ出したって多少は問題なかろうとの苦肉の策。まぁ致し方のないところ。出来上がりを見て、なんとか絵になったことにホッとする。いい下描きのボールペンの線の導きがあるから、アイデアが出るまではこれでいくことにする。

気に入っていた藍の手ぬぐいもどこかに落としたらしい。汗を拭うのに大いに重宝していたのに、気づいたらなかった。長い旅路、いろんなハプニングが起こる。夜の山でテントを焼いた。水ぶくれが化膿した。筆を落とした……。でも、ハプニングを恐れては進めまい。すべては試されているのだ。何かが起こったときにはそのたびごとにできるかぎりの手段で対処する。倒れても立ち上がればいいのだ。

その後、いつもお世話になっている札幌の画材屋に連絡し、ツケで同じラファエルの筆を第三十七番岩本寺《いわもとじ》の宿坊まで送ってもらう手筈を整えた。画材屋では、お遍路中に水路に筆を落とした絵描きのために四国の寺の宿坊に筆を送るという前代未聞の珍事がしばらく話のネタになったそうだ。

清瀧寺から残り一三キロメートルは必死の行軍の体で歩いた。宇佐湾をまたぐ巨大な橋を越えて半島の付け根まで歩く。海の底知れぬ暗さを横目に、車道の端を行く。温泉宿に着いたのは夜の七時。こんなに遅くまで余裕なく歩き続けたのは初めてだった。電柱の遍路道シールも暗くてよく分からなかった。つらく、心細い道のりを経て身体が重い。一日も休んでないもんなと思った。出発から一六日目、はっきりと疲れを感じた。

Column

長宗我部の兵火について

土佐の長宗我部元親による四国平定の戦から豊臣秀吉による四国攻めまでの戦で阿波、伊予、讃岐の札所がことごとく壊滅的な被害を受けた。土佐のお遍路が「どちらから？」と聞かれ「高知です」と答えると白けた目で見られるという話を耳にしたが、長宗我部軍は徹底的に由緒ある寺を焼き払った。もし古刹が焼かれずに現存していたら霊場の魅力は一層高まっただろうと思う一方で、紆余曲折を経て今の八十八カ所霊場があるということに歴史の妙味も感じる。

第17日

他人のお弁当をいただいた

◉三月一一日／歩行距離二六キロメートル／描いた寺 一寺

高知県土佐市宇佐町〜須崎市西町［ビジネスホテル泊］

昨夜意地でたどり着いた宿の温泉は濁った色の天然温泉だった。お大師様が示された地点と深度から湧き出した古湯とのこと。歯を食いしばって歩いてきた甲斐があった。湯上り後、この旅で初めてビールを飲んだ。信仰の意味と節約を兼ねて控えていたけど、ビールを飲んだらずいぶん気もほぐれた。

あまりに居心地が良いので朝もゆっくりしてしまった。九時に出発。宿から**第三十六番青龍寺**《しょうりゅうじ》までは一キロメートルもなくすぐに着く。礼拝、納経、そして絵描き。大学生だという男女の自転車お遍路さんに出会う。自転車を担いで山道を登るわけにもいかないから車のお遍路道を走っているのだろうけど、これだけの山々をペダルを漕いで登るのも相当大変だ。登り切ったら下りは楽かもしれないが……。「写真、撮りますよ」と言われたので、僕のスマホで写真を撮ってもらった。「頑張って！」とお互い声をかけ合い笑顔で別れる。

ところで、指で着彩するのはやっぱりダメだ。付け焼き刃は所詮付け焼き刃でしかない。やり方を変えるには研究（実験）する時間が要るし、今はそんなことに費やしている時間はない。札幌の画材屋から岩本寺に筆が届いていることを願う。

青龍寺で撮ってもらった

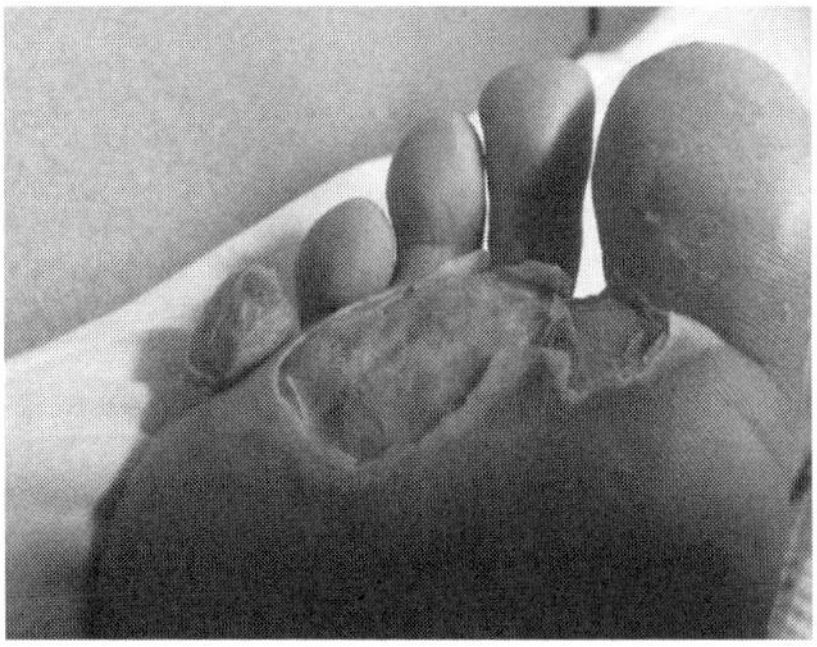

足はこんなにも悲惨な状態で……

柔らかい日差しが注ぐ土佐湾と断崖のスカイラインを眺めつつただひたすら歩き続ける。朝からペースは上がらず、疲れが残ったまま。堂々と立つ土佐《とさ》勤王党《きんのうとう》の首領・武市半平太像もちらと横目に見ただけ。黙々と歩いていくと、車もあまり通らずひと気も少ない道のりにお墓があり、墓前の道を掃除している女性と目が合った。「お遍路さん、休まれてはどうですか」と声をかけてもらったので、一服することに。北海道の富良野から来たことやお遍路はきつくてたまらないというようなことをしばらく話した後、女性から「ね、もし良ければ食べてもらえない？」と言われて出されたのは、なんと自身のお弁当。さすがにそれはと思ったけれど、「いや、いいの。食べて。私のはちゃんとあるから」と言われ、僕は他人のお弁当をいただいた。そこまでお遍路に手厚く施してくれるのも、一人でお墓周辺の掃除をすることにも、何か理由があったのかもしれない。しかし僕は何も訊かずにお礼を言って出発することにした。お遍路の道のりではいろいろな出会いがある。

今になって思えば、この断崖のスカイラインは本当に雄大だったし、海を見晴るかす景色の中を穏やかな気持ちでもう一度、足の痛みがない状態で歩きたいなと思う。途中で一息ついて、いただいたお弁当を頬張った。おいしさ以上にありがたさに心が満たされた。

その後一五キロメートルも歩いたら、海は見えなくなった。そして須崎《すさき》市の大間辺りで、心の底から「限界だ」と思った。コンビニの前で荷物を下し、路上に座り足を投げ出す。汗がにじむ。もう夕刻だけど、どこかこの辺に宿を取ろうと思って電話をかける。予定では道の駅に野宿するつもりだったが、断念した。この状態でテント泊じゃ体力の回復が見込めそうもない。幸い、アパートの一室ごと貸す珍しいタイプのビジネスホテルを取れた。

「よし、もうちょっと」と立ち上がっても、足の痛みでひょこひょこ歩きしかできない。ホテルのそばにドラッグストアがあり、ここにきてようやく水ぶくれ治療用に消毒液を手に入れた。

宿の部屋に入り、身体を投げ出すようにして床に転がった。

第18日

歩きに歩いて宿坊へ

◉三月一二日／歩行距離三三キロメートル

高知県須崎市西町〜高岡郡四万十町〔宿坊泊／第三十七番・岩本寺〕

ビジネスホテルと称する、若い頃のアパート暮らしを思い出させるような部屋での宿泊は、意外と心身が休まった。そこから岩本寺宿坊までは三三キロメートル。この日は絵を描かなくてもいい日だ。遍路道が待っているけど、ただ歩くのみ。

竹林の焼坂《やけざか》峠を越え、中土佐《なかとさ》町久礼《くれ》の中心部へ。そして大坂遍路道から七子《ななこ》峠を越えて四万十《しまんと》町へ。久礼の町に差しかかったときに自転車に乗った中年の女性が横を通った。「こんにちは」と挨拶を交わす。お互いその印象がよかったのかもしれない。女性は自転車を下りると、町中まで一緒に歩いてくれた。「お昼、まだでしょう?」。ちょうどそんな時間だけど、いや、まぁなどと言っていると、スーパーの前で「ちょっと、ここで待ってて」と言う。そして自分と僕の分のお弁当を買ってきてくれた。「私の家に離れがあるの。よかったらそこで休んでいって」。本当に連日信じられないようなお接待を受ける。実際その女性のお宅には居心地のいい離れがあって、僕は三〇分ばかり気兼ねなくくつろがせてもらった。いったいどんなお礼をすればいいのだろうといつも思うのだけれど、こうしたお接待に対してお遍路が返すお礼は、納札《おさめふだ》だけだ。それでも、ほとんどの人は見返りなど求めていない。僕も納札に住所氏名を書いて渡しお礼を言ってお別れした。歩きながら頭の中で女性に対する感謝の気持ちを反芻する。

午後三時くらいから疲れがひどくなる。遍路道は越えたのだが普通のアスファルト道がこたえるのだ。いつもとは違う箇所である右足の踵が痛んでくる。でも毎日もうダメだと思いながら翌朝にはまた出発しているんだ。だから今回も大丈夫だ。

夕方、宿坊のある**第三十七番岩本寺**《いわもとじ》到着。自分宛に荷物が届いていないか尋ねてみると、ちゃんと届いていた。画材屋からの絵筆である。まっさらなラファエル８４０４の五号。みるみる気力が回復してくる。この数日、筆を失くして得たことは多かった。筆がなくたって、何がなくたって、知恵を絞れば表現はきっとできる。そうした学びを得たのもお大師様のお導きによるものだったと今は思う。

初めての宿坊泊。金剛杖を部屋に持って入り、地面を突く底面を洗ってから、壁の隅に立てる。部屋は静かでさっぱりとしているがお茶やテレビなども備わっていて民宿と変わらない。夕食には肉や魚も出てきた。頼めばお酒も出るらしい。満腹になるまでごちそうをいただき、四人ほど入れる広さの浴場ではひとりっきりで十分に足も伸ばせた。

今日あったことを日記に書き留める。そうしているうちに眠気が訪れる。

Column

お接待について

お遍路をしていて、四国の方々に沁みついたお接待の文化に感動を覚えずにはいられない。見返りを求めず、誇らず、施すことが最上の功徳として皆当たり前のようにお接待してくれる。僕が避けなければと思ったのは、うかつに「どこかこの辺で食事ができる場所はありませんか」と尋ねることだ。そう聞くと皆さん「ウチで食べていきなさい」と言う。やりようによってはお接待に甘えてばかりいることも可能ではないかと思えるほどで、だからこそこちらも節度を弁えてお接待をいただくべきではないかと思う。もちろん相手も功徳を積むために施したい思いはあるにせよ、むやみに相手のお接待心を掻き立てることは言わないよう僕は心掛けるようにしていた。

第19日

もっと四国の旅を楽しまなければ……

◉三月二三日／歩行距離三一・一キロメートル／描いた寺 一寺

高知県高岡郡四万十町～幡多郡黒潮町［野宿／道の駅・ビオスおおがた］

早朝六時から、宿坊ならではの朝の勤行に参加した。厳かな空気に包まれた朝の本堂で、住職の読み上げるお経が響く。お導きに合わせ、読めるところは一緒に声を上げて読む。

「皆さんは、何かのご縁で四国に来られた。お遍路の道であれ、それ以外であれ、四国の人や文化を楽しんでいってください」と、住職からのありがたい法話をいただく。歩き遍路は厳しい修行だが、楽しむことはまったく悪いことではない。だけど僕はついそれを忘れてしまう。もっと四国の旅を楽しまなくては……。

朝食をいただき、あらためて礼拝、納経をし、絵を描いた。下したての筆で着彩する。初めてラファエルの筆を手にした時の感動が蘇る。たっぷり水を含むことができる柔らかい穂先、素晴らしく滑らかな描き味。これはやっぱり魔法の筆だ。

宿坊を出発すると同時に雨。三十七番から三十八番までの札所間の距離は八十八カ所中最長で八〇キロメートルを超える。二十三番薬王寺から二十四番最御崎寺までの長行を思い出すが、あまり考え込まずに行こう。楽しみながら歩いていけば、なに八〇キロメートルなんか一瞬だ。

ちゃんとした消毒液の効果なのか、足の痛みが和らいできて、いよいよ水ぶくれ禍から解放されたような感覚になった。まぁ、この前もお遍路足が完成したなどと喜んでいたのも束の間、結局その後も痛い痛いと言ってきたんだけど。二〇キロメートル歩いた辺りで海に出る。海に対する感動はすっかり減ってしまい、アスファルトの一本道にうんざりしてしまう。その日の最後はやっぱり這うようにして、「道の駅・ビオスおおがた」に到着。その先のコンビニまで少し余計に歩き、食料を買い込んでまた道の駅に戻り、テントを張ってその中で夕食を食べる。日記を付けて、消灯。

もう一日、明日もただ歩く。

第20日

四万十大橋を渡って大岐の浜で野宿する

高知県幡多郡黒潮町～土佐清水市大岐［野宿／大岐の浜］

◉三月一四日／歩行距離三一・四キロメートル

昨夜はテントに入って眠りについたそのすぐ後に、三人くらいの自転車で旅する人たちがやってきたようで、何だか騒々しかった。うち一人は咳がひどく、それが気になって寝ていてもまどろんだ状態が続いた。朝になると、六時前なのに道の駅の開店準備が始まり、その準備の音で目を覚ます。道の駅に泊まるとこういうことがある。休まらない一夜だった。

そして今日は右足の踵が痛い。歩き出してみたものの立ち止まって靴の中敷きを取ってみたりまた敷いてみたりしながらなんとか踵の痛みをやわらげようとしてみる。調子がいいのか悪いのか、歩いてみないことにはもはやよく分からない。道では僕よりだいぶ年輩の男性のお遍路を追い抜いたりまた追い抜かれたりしながら歩いた。

足摺《あしずり》岬の近くにある金剛福寺《こんごうふくじ》までは地図にいくつかのルートが示されていて、僕は四万十《しまんと》大橋を歩いて渡るルートにした。舟で川向うまでいく「下田の渡し」を使って四万十川を渡る方法もあるのだが、電話で舟の予約をしなくてはならず、それがちょっと面倒に思った。「最も信頼できる手段は、自力」という凝り固まった考え方のせいで、楽しそうな手段を避けてしまった。もっと四国の旅を楽しむ……はどうなってしまったのか。

四万十大橋を越えてお昼に差しかかり、ちょうどうどん屋があったので入る。ゆっくり座って食べられるのがうれしい。お遍路では「欲しい時にちょうどぴったり」という状況になかなか出くわさないから、時間が早かろうとよさそうな店があったら入るしかない。うどん屋はリーズナブルで気兼ねしなくていいのがいい。味もよくズズッとすすって満足して店を出た。

土佐清水市を海岸線沿いに歩いていくと、サーフィンの名所でもある大岐《おおき》の浜に出る。そのそばに薪で沸かす源泉かけ流しの温泉があるとお遍路の野宿サイトに出ていて、温泉に浸かってからビーチにテントを張ることにした。

その温泉は歩き遍路には割引もするということだったので気楽に訪ねてみたが、すごくこだわりのある温泉で作りもおしゃれな施設だった。こんな汗まみれの野宿遍路では肩身が狭かったが、それでもちゃんと温泉に入らせてもらえた。今日はただ歩くだけの日で絵も描かなかったので、午後四時には今日の目的地・大岐の浜に着けた。しばらくはのんびりと湯をひとり占めして温泉を堪能した。いかにもサーファーのような人が後から入ってきたので挨拶を交わし、体も温まりいい頃合いで「お先です」と言って出た。

浜辺に出て、屋根も何もない砂の上に張ったテントに入

浜辺にテント泊。周りが広すぎてかえって落ち着かない……

る。とても目立つけど、まぁいい。こんな経験は今後きっとできないだろう。波音だけを聞きながらゆっくりと眠りについた。

Column

歩き遍路と食事について

歩き遍路では食事も頭を悩ませる問題だ。毎日宿に泊まるならば朝晩二食は心配いらないし、朝早い出立、遅い到着になるときも宿が配慮してくれる。山の難所を攻めるときは、お弁当をお接待してくれる宿もある。野宿の場合はどこかコンビニなどで翌日の朝食、昼食まで仕入れておかなければならない場面も出てくる。買い込むと、当たり前だが荷物が重くなる。店を一軒見送ると、次の店にしばらく出会わないことも多々あるので、店のあるなしを地図などであらかじめ調べ、食糧は確実に手に入れておきたい。飲み物も、数十キロも自販機さえない区間があることから、ゲットするタイミングを逃さないことが肝要。また、非常食は常に必携のこと。

第21日

鰹のたたき定食がうまいのなんの

◉三月一五日／歩行距離二八・八キロメートル／描いた寺　一寺

高知県土佐清水市大岐～土佐清水市旭町［野宿／鹿島公園］

朝、大岐《おおき》の浜から日の出を見た。生まれてからこんなに美しい日の出は見たことがなかった。水平線から上ってゆく曙光《しょこう》が広がってあたりを、水面を照らしていく。永劫繰り返されてきたことなのに今、お遍路としてこの場所でこの日の出を見られたことに感謝し、祈りを捧げた。

テントを畳み、杖を握って浜を出発。海岸線を進む一本道は、短い距離の遍路道が次々と現れる。「あしずり遍路道」という古くからあるこの道は、砂浜を歩いていたかと思えば海岸を登ったり下ったり岩場を越えたりして、とても野性的でハードな道のりだ。大岐の浜から**第三十八番金剛福寺《こんごうふくじ》**までの一九キロメートルでは予想以上の負荷がかかり、体力をかなり消耗した。

寺に着くと同時に電話が鳴る。見慣れない番号に出てみると、第三番金泉寺の前でお接待をしてくれたお母さんからだった。「そろそろいいところまで着いたんじゃないかと思ってね。順調に行ってるかい。あんたさんならきっとやれると思ったよ。打ち終わったら戻って来るんだよ。頑張ってね」。感動がじんわりと広がる。四国の人々に根付いているお接待の心と文化はここまですごいのだ。

金剛福寺の外にジョン万次郎こと中浜万次郎の像が立っていて、それをメインにし、金剛福寺の多宝塔をバックに入れて絵を描いた。銅像の顔をその通りに描くのは実に難しい。

絵描き、礼拝、納経後、昼食に寺の前のレストハウスで鰹のたたき定食を食べる。土佐名物の鰹は、まぁうまいのなんの。土佐で薬味のにんにくは当たり前らしいけど、僕にとっては新味で、ひとり感動を押し殺しながら食した。食後、レストハウスの店員の女性が声をかけてくれた。「数年前、ここを出た後すぐ道で倒れた若いお遍路がいたの。三〇代だった。夏の暑い日でね、そういうこともある。あなたも気をつけて」。ありがとうと言って歩き始める。道端に佇む石彫の地蔵たちは、願い叶わずその地で倒れた人の慰霊の碑だという。その数は多い。元気に歩けることは、それだけで素晴らしいことなのだ。

海は雄大だなぁ

路傍の地蔵たち

万次郎の後ろ姿

半島を東から西へ海岸伝いに歩いていく。中の浜地区に入ると「宗田節《そうだぶし》」の製造工場があった。鰹を燻《いぶ》す匂いが漂っていて地域性を感じた。入らなかったが、ジョン万次郎の生家もあった。

土佐清水の町に着く。入り江の良港だが海抜は極めて低い。ささやかれる南海トラフの大地震や津波などが訪れないことを願う。港の姿を見てここの魚が新鮮でないわけがないと思い、歩いている人におすすめのお店を聞いてみた。教えてもらったその食堂で晩に一杯やりながら新鮮な魚料理を味わった。少しの贅沢。その後、町なかの銭湯に浸かって併設のコインランドリーで洗濯も済ます。着た服がすべて洗濯されて仕上がり、すっきりした。

それから鹿島《かしま》公園に行って野宿。

第22日

出会った人が皆お大師様に思えてくる

◉三月一六日／歩行距離三一・八キロメートル

高知県土佐清水市旭町～幡多郡三原村［簡易宿泊施設泊］

金剛福寺《こんごうふくじ》までは八〇キロメートル近く歩いた。なのに、次の第三十九番延光寺《えんこうじ》までまた五〇キロメートルも歩く。まったく。

その延光寺までには、三原《みはら》村を通る山コースと、宿毛《すくも》市の海沿いから月山《つきやま》神社を通るコースがある。海コースは山コースより二〇キロメートル遠回りになる。足や体力を顧みると、最短ルート以外あり得ない。それで山越えになる。菅直人元総理大臣も総理辞任後お遍路に出てこの山コースを歩いたとのこと。

歩き始めると、山コースの延々と続くだらだらとした登りがこたえる。結局どのルートをたどってみても厳しいということだ。店なんて何もない。汗をかき水を飲みたかったけれど、手持ちの水が切れてしまい、なのに自販機すら見当たらない。そんなとき、清水が流れ出ている岩間に出くわした。ありがたい。恵みの水に礼拝してぐびぐび飲んで喉を潤す。

鄙《ひな》びた山村に差しかかり、畑仕事をしている年輩の男性と目が合った。柔和な微笑を浮かべたその男性から声をかけられたので立ち止まって少し話す。「どうしてお遍路をしているの？」と訊かれ「お遍路しながらすべてのお寺の絵を描いているんです。絵描きなんです」と答える。そういえば、自分の素性を話したのはこの旅で初めてのことだった。「へぇー。難しい職業でしょ。稼げるの？」と訊かれ、「えぇ、まぁ何とか」といつものように答える。「絵は自分の中にあるものから出てくるでしょ。だから、あなたそのものだよ。お遍路に来てよかったね。厳しい道のりだけど、それが心を鍛えてあなたを変えてくれるよ。あなたの絵はより良くなるよ」と言われ、不意にぐっときた。心がけは絵に出る。内面そのものが絵を良くするのだ。その人は初対面の僕にどうしてそんな言葉をかけたのだろう。歩きながらその人から言われた言葉を反芻してみた。とても大事なことを教わった気がする。あの人はもしかしたらお大師様の化身だったかもしれないと思った。

歩きながら振り返ってみる。三番寺のお母さん、ビワエキスをくれた宿の女主人、自分のお弁当を僕にくれた女性、久礼《くれ》でお弁当を買って離れで食べさせてくれた女性など、施しをしてくれた人たちが皆お大師様だったような気がしてきた。彼らは皆僕に大切な教えを与えてくれた。お大師様はいつでもそばにいる。行いをよくしなければと思いながら、歩き続ける。

三原《みはら》村に夕方到着。ここも鄙びた山村だ。予約しておいたNPOが運営するという簡易宿泊施設に着くも、開いておらず、後からやってきたお遍路さんと一緒に待ちぼうけ。この宿のご主人は他の仕事をしながらこの宿泊所を維持しているとのことで、小一時間待っているとやってきた。質素な宿ではあるが、延光寺までのちょうどいい中継地点にあり、とてもありがたい宿だ。菅元総理もここに泊まったとのことで、写真が飾られていた。

一日中歩き続けてバテていたので、宿のヒノキ風呂は最高だった。

第23日

松尾峠を越えて高知から愛媛へ

◉三月一七日／歩行距離二七キロメートル／描いた寺 一寺

高知県幡多郡三原村〜愛媛県南宇和郡愛南町［旅館泊］

三原《みはら》村の宿を朝七時に出る。疲れていると言いながら、朝起きてまたそんな時間から歩き出すんだから元気といえば元気だし、我ながら勤勉だと思う。

第三十九番延光寺《えんこうじ》まで九キロメートルばかり、三時間近く歩いて到着。長く感じた道のりだったけど、まだ一〇時前。張り切って朝一番の絵を描く。それから礼拝、納経。

一一時半、道に食堂があったので入った。小上がりに靴を脱いで上がる。足が楽だ。どうしてもコンビニ食が多くなり、菓子や果物みたいなもので一食分しのぐこともある中で、普通に食事にありつけたことに感謝する。だんだん何にでも感謝するような気持ちになってくる。

お腹を満たし、再出発。宿毛《すくも》市の中心部に入る。反対側の歩道に今にも僕を追い越しそうな勢いで歩くお遍路さんがいる。「あっ！」。二十二番から二十三番に向かっているときに道に座って携帯をいじっていた若いお遍路さんだ。もう三週間も前のこと、「足、痛いんですよ」と言っていたあの彼だ。お互い気がつき、彼は歩道を渡ってきてくれた。そしてしばらく一緒に並んで話しながら歩いた。「何とか回復し、続けてきました」という彼の足取りは軽い。一五分くらい一緒に歩いたけど、とても自分の足ではついていけそうにない。「オレ、遅いから先に行って。くれぐれも気をつけてね」

「はい、じゃあ、気をつけて。またどこかで！」。僕はあのとき彼に先行して歩いて、自分のほうが元気だと優越感さえ感じたのだった。しかしお遍路とは、そういうレースではなかった。長い道のりを足の痛みを乗り越え歩みを積み重ねてきた彼を思い、敬意を抱くとともに、自分を恥じた。

宿毛からは松尾峠を越えて愛南町《あいなん》へ。この峠こそが土佐・高知と伊予・愛媛の境目だ。麓から山へと向かっている途中、ミカン農家の脇を通りかかった。そこで販売しているポンカンを食べたくなり、また地元にも送りたいとも思ったので立ち寄ることにした。

「今ぁ、まだウチの人、畑におっておらんのよ。まぁ、すぐ帰ってくるからちょっと待っててなぁ」と、人の好さそうなおじいさん。「どこから来たの、へぇ、北海道。頑張っとるねぇ。ま、これでも食べて」と味見のミカンをもらい、しばらくおじいさんと座っていた。話しかけても耳が遠いことが分かり、話もせずにふたりでただじっと座っていた。でも、何だかとても居心地がよかった。しばらくして壮年のご夫婦が戻られて、おじいさんはひょこひょことどこかへ行ってしまった。

松尾峠は恐れるほどの険しい峠ではなかった。頂上で県境を示す石柱を越え、愛媛県「菩提の道場」に入る。県境の峠というのは格別だ。高知県の「修行の道場」は本当に厳しい修行の道だったが、ここで終わりかと思うとなんだか一抹の寂しさも……。愛媛県に入って間もなく峠道がてきめんに歩きやすくなった。県によって山道の整備も違うのだろうか。

峠を下り、愛南町一本松にある手頃な宿泊費の温泉旅館に到着。足のガタはどうしようもない。そして、明日は暴風雨の天気予報。これも試練と思って乗り越えよう。

第24日

限界を越え野宿を断念する

◉三月一八日／歩行距離三四・六キロメートル／描いた寺 一寺

愛媛県南宇和郡愛南町～宇和島市津島町［ビジネスホテル泊］

朝から大雨、そして強風。七日目の鶴林寺《かくりんじ》・太龍寺《たいりゅうじ》アタックのときに春一番の大風と大雨にみまわれ、その後は岩本寺《いわもとじ》を出たときに雨に当たったくらいで、これまで天気にはずっと恵まれていた。だからたまに雨に降られても文句は言えまい。バックパックにビニールをかぶせ、カッパを着て宿を出る。大切なのは覚悟だ。腹が据わっていれば、大抵のことは乗り越えられる。逆に言うと中途半端に立ち向えば足元をすくわれる。雨だろうと風だろうと覚悟を決めて、ただ黙々と前へ進むだけだ。

と言いつつも全身びしょぬれ。とてもつらい。九キロメートル歩いて**第四十番観自在寺**《かんじざいじ》着。礼拝、納経、絵描き。納経所で御朱印を捺《お》してもらった後、「今日のこの天気だ。柏坂《かしわざか》越えは無理だよ。やめたほうがいい」と住職から山越えの遍路道を迂回するよう忠告を受ける。そうですね、と言いながらも内心やめる気はなかった。住職がすすめる海回りの迂回ルートは道のりが長すぎるのだ。それに、勘でしかないけど、行けると思った。

観自在寺から一〇キロメートル歩いた地点から柏坂が始まる。すでに朝から二〇キロメートル近く歩いているところで約一〇キロメートルある山越え。山に入ったら、何があっても自己責任だ。

意地でも下りてこなければいけない。覚悟を決め、山道を分け入る。悪天候の中ではカッパも荷物も煩わしく、コンディションはとても悪い。でも山道は整備されていて迷う心配はなく、足元も滑るほどではない。無心で歯を食いしばり、登り、何とか下り終える。

一日の歩行距離三〇キロメートルが自分の限界のラインだと分かってきた中、そのボーダーライン上、宇和島市津島町の町なかまであと五キロメートルというところまでくる。雨は止んでいた。あと五キロ。その五キロがとんでもなく遠い。津島町にある温泉施設の日帰り入浴とテント泊は断念することにした。野宿でこの疲れを癒すのは無理だ。

津島町に入り、コンビニで荷を下ろし、ビジネスホテルに電話をかける。無事一室取れた。「今どちらですか?」と聞かれ、町のコンビニですと言うと、「もうちょっとですね。頑張ってください」とにこやかな声で言われ、そのちょっとのきつさが半端でないんだよと言いたくなるのを抑え、電話を切ってから必死で宿にたどり着いた。

数えてみたら、これまでまだたった一一日しか野宿していないのだ。まったく節約にもなっておらず、我ながら情けない。

足の裏がびりびりしびれている。

第25日

第一期を区切る場所が決まる

◉三月一九日／歩行距離三一キロメートル／描いた寺 二寺

愛媛県南宇和郡津島町〜西予市宇和町［旅館泊］

第一期・春のお遍路を第四十三番札所・明石寺《めいせきじ》で終えることに決めた。明石寺から次の札所に向かう道のりにJR卯之町《うのまち》駅があり、そこでお遍路を打ち止めて秋にまたそこから打ち始めるのがちょうどいいと判断したのだ。「半農半画家」と呼ばれる僕は、富良野の農作業シーズンが始まる頃には一度お遍路を区切り、富良野に戻らなくてはならなかった。三月ももう半ばを過ぎた。地元富良野では農作業が始まる。間もなく区切りだ。

今になって思うが、自分の作ったプランはきつく設定しすぎだった。その日のゴールを大抵、その日のうちにたどり着けるかどうかの際どいところばかりにしすぎた。そして休みなく歩き続けた。歩くのもきつかったが、寺に着いたら絵描きがあった。この描かなきゃいけないということがお遍路の旅路をさらに厳しくさせた。秋のお遍路で見直さなくてはいけないことは多い。

区切りを決めたからといって、ここで気を抜くわけにはいかない。次の札所まで一五キロメートル弱。長い道のりを歌を口ずさんだりしながら歩く。一緒に歩いてくれた金剛杖も先がばさばさと広がり、短くなったと感じる。ここまでずいぶん助けてもらったなとしみじみ思う。

宇和島市を抜ける。駅前の町並み、駅舎などを見ながらさらに歩を進めて五時間ほどで**第四十一**

番龍光寺《りゅうこうじ》着。礼拝、納経、絵描き。それからさらに二・六キロメートルの**第四十二番仏木寺**《ぶつもくじ》へ。礼拝、納経。絵描き。勢いで描き切る。

この日の最後は歯長《はなが》峠越えがあった。峠の手前で眼前の山を見上げ、「おい、またこんなのを登るのかよ」とひとりごちる。そびえる山にたじろぐ。でもそれもこれもこれまでと同じだ。ぐちりながらもそうした山道に分け入っては乗り越えてきた。さぁ、行こう。

遍路道に入ると、すぐに急坂になった。汗が噴き出し、息が切れる。それでも一歩一歩、足を進める。バックパックが重い。岩か子供を背負っているかのようだ。

悪代官って誰のことなんだろう

急坂の山を乗り越えれば、待っているのは下り坂。転がらないように、膝をおかしくしないように、金剛杖で力を抑制しながら下りる。筋肉か腱が故障したら、その時点ですぐにアウトだ。水ぶくれくらいなら物の数ではない。

夕方になって山を下り切り、薄暗くなる中、宿に到着。本当に、いつだってリタイヤする不安と隣り合わせだった。それでも、ちゃんとたどり着けた。いつもと同じだった。だからこの先もきっと大丈夫。そう信じていいんだと思った。

第26日

四十三番寺で第一期を打ち止める

●三月二〇日／歩行距離七キロメートル／描いた寺 一寺

愛媛県西予市宇和町［第一期打ち終わり］

第一期打ち止めの朝。この道のりが一旦終わるんだ、明日はもう歩かなくていいんだと考えると、安心半分、しんみりした思いが半分の不思議な感覚が去来する。

宿でゆっくり朝食をいただき、出発。弘法大師様は最後まで厳しく、今朝は雨。カッパを濡らしつつ、ここまでよく来られたもんだと振り返りながら歩く。約六キロメートルで**第四十三番明石《めいせき》寺《じ》**到着。区切りにいい絵を描くぞと意気込んでいたのだが、なんと本堂は修復中でシートで覆われていてまったく見えない。絵をどう描けばいいのか。とりあえず少しでも雨に当たらない場所をと、茂る木の下に立ち、ピンクに咲き染める境内の桜を中心に据えて鐘楼と奥に覆われた本堂という構図を取ってみた。桜は明石寺の名物でもある。それで描いてみたが、雨のせいか気が抜けていたのか、四十三番目にしてもっとも不本意な絵を作ってしまった。明日から休みだという解放感が絵をこんなにもだらしなくしてしまう。絵は気持ちの産物なのだということを痛感させられた。

ともあれ、終わった。礼拝、納経も済ませ、ＪＲ卯之町駅へと向かう。明石寺の裏から続く林の遍路道を越え、駅に着く。

松山駅までの特急列車の切符を買い、鉄道駅で白衣を脱ぐ。それと同時にまるで俗世に戻ったような気分がした。気持ちの面だけではなく、本当に俗世と遍路世界の間には境界があるのではないだろうか。白衣を着、金剛杖を握る。その瞬間から俗世から離れることができ、不思議に満ちたお遍路という霊界に入るのかもしれない。秋にもう一度ここから歩く。「必ず帰ってきます」と心に誓う。

過ぎゆく車窓の景色を眺めながら、僕は思った。「このまま歩き続けても、絶対に八十八番まで通しで打ち終えることはできなかっただろうな」と。緊張が切れてしまったからそう思ったのかも知れないけれど、本気で八十八カ所を通して打つのであれば、よほどの覚悟をもって臨まなければ不可能だ。僕はお遍路を甘く見ていた。自分にはまだまだ覚悟が足りなかったのだ。

四国八十八カ所霊場歩き遍路はそれほどの心構えが求められる本当に過酷な修行道だとあらためて思うのだった。

第27日

（第二期初日）あぁ、戻ってきちまった

◉一〇月二八日／歩行距離二三キロメートル

愛媛県西予市宇和町～大洲市東大洲［野宿／番外霊場・十夜ケ橋］

「あぁ、戻ってきちまった」。JR卯之町《うのまち》駅前の交差点にかかる鳥居のような大きな門を見て思った。打ち止めから七カ月、四国・愛媛の景色は桜の春から柿が実る秋に変わった。富良野での農作業もシーズンを終え、衣装も杖もそのままに、僕はまた相変わらず岩のように重いバックパックを背負ってここに立っている。山のテント内で火柱を上げたガスバーナーとガスボンベは置いてきたので嵩は多少減ったけど、相変わらず僕の煩悩がたっぷりと背中に詰まっている。

いろんなことを思い出そうと、昨日のうちに北海道から愛媛に入り、卯之町駅に降り立って、夜は宇和運動公園で野宿した。一〇月とはいえ明け方はだいぶ冷え、朝起きると身体の芯まで冷えているように感じた。これまで家でぬくぬくと過ごしていた分つらさもひとしおだが、気持ちはすっきりした。コンビニで朝食も済ませた。さぁ再出発だ。

目指すは第四十四番大宝寺《だいほうじ》。第四十三番明石寺《めいせきじ》からは七〇キロメートル弱の長丁場。まずは足を慣らすつもりで歩く。前回履いていたナイキのジョギングシューズから、ダナーのトレッキングシューズに靴を代えた。日常の町歩きに履いている靴だけど、ナイキよりはサイズが大きくて、靴の中で足に余裕がある。前回は水ぶくれで苦しんだから、少しでもマシになるといいのだが……。

七キロメートルほど歩くと鳥坂《とさか》峠に入った。僕は自分の都合でお遍路を区切ったけれど、遍路道には何も変わりはない。お大師様の厳しい修行に容赦なんてなかったことを忘れてはいけない。だらだらとした山道が続く中、道が枝分かれになったところで張り切ってきつい坂を選んで進んだら、道を間違ってしまった。効率よく歩いていかないともたないんだからと自分に言い聞かす。

無事に峠を越えて国道に出たところで、佇まいのいい食堂に入る。沖縄料理の店だった。お店の人たちも印象が良かった。うどんのセットを頼み、お腹を満たして店を出たら、追いかけるようにお店の女性が駆け寄ってきて、ミカンを持たせてくれた。早速のお接待に温かい気持ちになった。

たわわに実る柿と田園風景

後半戦はトレッキングシューズで挑む

大洲《おおず》市に入り、車の往来の激しい町なかを歩く。徐々に足が痛み出し、肩の荷もずっしりと重くなってきた。「まだ初日だぜ」。分かってはいたけど、さっそく痛みとの闘いが始まった。

夕方になって何とか目的地の「十夜ヶ橋《とよがはし》」に到着。橋の下にはお大師様が横になった寝仏の像と祭壇があった。ここでの野宿はより功徳があるとされ、気合を入れてテントを張った。でも、実際かなり不気味で、内心怖い。テントに入る前に祭壇に向かって読経をあげた。

とにかく、徐々に以前のようなペースに戻せばいい。お遍路の第二期は始まったばかり、焦らずいこう。

ご利益がありますように。

Column

番外霊場・十夜ヶ橋（永徳寺）

四国別格二十霊場第八番札所。肱川《ひじかわ》の支流である都谷《とや》川に架かる橋で、大同二年（八〇七年）にお大師様はこの辺りを通った。夜、宿を貸してくれるところがなく、この橋の下に野宿した。その夜のあまりの寒さに、お大師様でさえ一夜が十夜に感じたほどで十夜ヶ橋の名が付いたという。お遍路が橋の上で杖をついてはいけないというルールは、橋の下で眠るお大師様の睡眠を妨げてはいけないという心遣いから来るのだそうだ。

第28日

お祓いのお接待を受ける

◉一〇月二九日／歩行距離二六キロメートル

愛媛県大洲市東大洲〜喜多郡内子町［野宿／道の駅・小田の郷せせらぎ］

まどろみのなか橋の上を走る車の音と川の流れに加えて何かちゃぷちゃぷする音が聞こえていた。ちょっと寒くもあった。でもよく眠った。朝、テントから這い出て、あらためてお大師様の祭壇に読経する。川面を見ると、鼠色の巨大な鯉がうじゃうじゃひしめき合っていた。ちゃぷちゃぷ音がしていたのは、彼らだったようだ。一カップ五〇円の鯉のエサが置いてあったので、箱にお金を入れてエサを購入し、それをやってみたら、すごい食いっぷりだった。

お大師様の祭壇に一礼し、出発。大洲市を抜けて内子《うちこ》町に入り、旧家の並ぶ町並みを眺めながら歩く。足を酷使せぬよう休みを取りつつ進んだ。すでに肩は痛み出している。

お昼どき、内子町大瀬《おおせ》まで来たあたりで商店らしき家の前の花壇で作業している女性に声をかけてみる。「あのぅ、この辺で食事の取れるような場所は……」。今思えば、これは第三番のときとまったく同じパターンだった。「あぁ、あなただったのね。コーヒー入れるから飲んでいって。朝、光が見えたの。あなた、いい顔してるわね」

きょとんとしながら、言われるがままにコーヒー、それにお昼ご飯のお接待を受ける。女性は霊峰・石鎚《いしづち》山を奉る石鎚神社を信仰し、毎朝お祈りをしているとのことで、今朝光が見えて、吉兆だと思っていたと言う。

食後、「祓《はら》ってあげましょう」と言われ、お宅の二階に案内された。その大広間にはびっくりするほど絢爛豪華な祭壇があった。「お祓いするのは本当に久しぶりなのよ」と言いながら僕を座らせ、後ろに立って何やら呪文を唱え、最後に「キエーッ！」と大きな声を上げた。

連なる山を眺めながら、鄙《ひな》びた山村の道を歩いていく。今しがたお祓いをしてもらったことをまるで夢の中での出来事のように思った。僕は女性にお礼を言っただけでは気が済まず、帰ったら何か送ろうと思って「お名前とご住所を」と聞いてみたが「私はそういうのはいらないの。気にしない

番外霊場・十夜ヶ橋の祭壇

鯉うじゃうじゃ

御朱印

第**33**番札所

高福山《こうふくざん》　雪蹊寺《せっけいじ》

第十一番藤井寺とともに、八十八カ所中2寺だけ存在する臨済宗妙心寺派の寺院のひとつ。荒廃した寺の再興に際し真言宗から改められた。本尊の薬師如来は運慶晩年の作で重要文化財。「鎌倉仏像の宝庫」と呼ばれるほど名品を多く安置。長宗我部家の菩提寺。

御朱印

第34番札所

本尾山《もとおざん》 朱雀院《すざくいん》　種間寺《たねまじ》

6世紀後半、用明天皇時代に創建と古い。平安初期に弘法大師が来錫し、百済の仏師が彫った薬師如来を本尊に開基。この時、中国から持ち帰った五穀の種子を蒔かれたことが寺号の由来。本尊の薬師如来は安産のご利益ありとされる。

御朱印

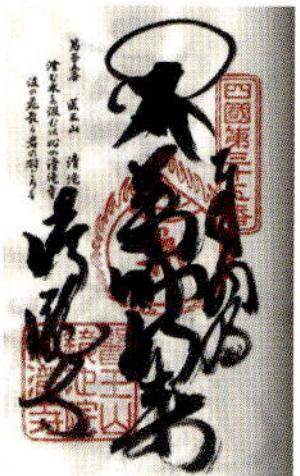

第**35**番札所

医王山《いおうざん》 鏡池院《きょうちいん》　清瀧寺《きよたきじ》

養老年間に行基による開基、その後弘法大師が巡錫、修法。真言を唱えながら本堂前にある薬師如来像の胎内くぐり（戒壇めぐり）をすれば厄除けのご利益が。寺への急坂がきつく、1丁ごとに地蔵が置かれ、計8体で「八丁坂」という。

御朱印

第**36**番札所

独鈷山《とっこうざん》 伊舎那院《いしゃないん》　青龍寺《しょうりゅうじ》

弘法大師が唐に渡り、長安の青龍寺で恵果《けいか》和尚から真言密教の奥義を授けられた後、法具の独鈷《どっこ》を東の空に投げた。帰国後、この地で老松に刺さった独鈷を見つけ、寺を開基。四国霊場中「波切不動明王」を本尊とするのはこの寺のみ。

御朱印

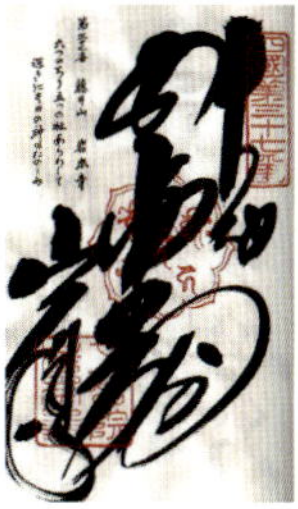

第**37**番札所

藤井山《ふじいさん》 五智院《ごちいん》　岩本寺《いわもとじ》

聖武天皇の勅願で行基により開創。不動明王、観世音菩薩、阿弥陀如来、薬師如来、地蔵菩薩と本尊が5体あるという八十八カ所唯一の寺。よって、読経時もそれぞれの真言を唱える必要がある。宿坊の料理や温泉が有名でお遍路に人気。

御朱印

第**38**番札所

蹉跎山《さださん》 補陀洛院《ふだらくいん》　金剛福寺《こんごうふくじ》

12万m^2の広大な敷地を誇る大寺院。嵯峨天皇の勅願により弘法大師が開基。源氏一門の尊崇を受け、大いに栄えた。本尊の千手観音は秘仏だが、正月など特定の日に公開している。多宝塔は源氏一門の多田満仲が建立したという。

御朱印

第**39**番札所

赤亀山《しゃっきざん》 寺山院《じさんいん》　延光寺《えんこうじ》

土佐「修行の道場」最後の寺。神亀年間に聖武天皇の勅願により行基が開創。国の重要文化財であり寺宝の梵鐘は、赤い亀が背中に乗せて竜宮城から持ち帰ったものと言われ、寺の山号の「赤亀山」の由来となっている。

御朱印

第**40**番札所

平城山《へいじょうざん》 薬師院《やくしいん》　観自在寺《かんじざいじ》

大同年間に弘法大師が開基。昭和34年（1959年）不慮の火災で本堂全焼、5年後復旧。平城、嵯峨天皇が親しく行幸され、周辺の住所は「御荘」、寺のある地は「平城」。第1番霊山寺から最も遠い場所にあるため、「四国霊場の裏関所」と呼ばれる。

御朱印

第41番札所

稲荷《いなり》山《ざん》 護国院《ごこくいん》　龍光《りゅうこう》寺《じ》

山門がなく、鳥居をくぐって入る。元の本尊は稲荷神社の稲荷大明神だったが、明治初年の神仏分離令により新しく本堂を建立、本尊を祀り現在の霊場となる。小高い山の中腹に位置し、大師堂、本堂の上に稲荷神社がある。

御朱印

第42番札所

一𫞧山《いっかさん》 毘盧舎那院《びるしゃないん》　仏木寺《ぶつもくじ》

大同年間に弘法大師により開基。本尊は大日如来で牛馬家畜の守り仏として信仰を集める。このため、境内に「家畜堂」がある。茅葺き屋根の鐘楼も四国霊場では珍しく、元禄年間に再建されて以後300年以上の歴史を誇る。

御朱印

第**43**番札所

源光山《げんこうざん》 円手院《えんじゅいん》　明石寺《めいせきじ》

欽明天皇勅願により円手院正澄上人により開基。明治維新までは神仏習合だったが、神仏分離令により熊野神社が独立。本堂は珍しい赤瓦で、外陣には天井絵がある。天台宗の寺院。

御朱印

第**44**番札所

菅生《すごう》山《ざん》 大《だい》覚《かく》院《いん》　大《だい》宝《ほう》寺《じ》

明神右京、隼人という兄弟の猟師がこの地に十一面観世音菩薩を発見し、安置したのがおこり。大宝元年（701年）に文武天皇の勅願で寺院建立、元号に因んで大宝寺となる。失火、長宗我部の兵火など、3度も火事に遭ったことで知られる。

御朱印

第**45**番札所

海岸山《かいがんざん》　岩屋寺《いわやじ》

法華仙人が修行をしていたこの地に弘法大師が修行の霊地を探して入山し、開基。奇岩に囲まれた山奥の霊場。不動明王を祀る「穴禅定」と呼ばれる洞窟や、「逼割禅定《せりわりぜんじょう》」という岩山を鎖を頼りによじ登る大師の修行場も残る。

御朱印

第46番札所

医王山《いおうざん》 養珠院《ようじゅいん》　浄瑠璃寺《じょうるりじ》

和銅元年（708年）行基により開基、大同2年（807年）に弘法大師も巡錫し、堂宇を創建。荒廃と中興を繰り返す。江戸時代には山火事により大部分の寺宝、伽藍を焼失するも、復興。境内には「仏足石」「仏手石」「仏手指紋」などもある。

御朱印

第**47**番札所

熊野山《くまのざん》 妙見院《みょうけんいん》　八坂寺《やさかじ》

役行者小角《えんのぎょうじゃおづぬ》による開基。大宝元（701）年、天武天皇の勅願寺として伊予の国司・越智玉興が創建。この際、8つの坂を切り拓いたことで寺号となる。長宗我部の兵火により伽藍焼失の時代も。本堂と大師堂の間には「閻魔堂」がある。

御朱印

第48番札所

清滝山《せいりゅうざん》 安養院《あんよういん》　西林寺《さいりんじ》

天平年間に行基が開創。弘法大師が巡錫された際、この地がひどい干ばつに見舞われていたため、大師が錫杖で水脈を探り当て田畑を潤した。そばにある杖ノ淵公園の湧水はその水脈の一つとされ、名水として有名。

で」と言われてしまった。何か霊体験をしたような気分で、同時にとてもありがたいものを得たような気持ちでもあった。

二六キロメートル歩き、「道の駅・小田の郷せせらぎ」到着。辺りが暗くなる中、閑散とした小田の町をちょっと不気味に感じつつもうろうろして、この地域名物のたらいうどんを食べる。

顔を洗って道の駅にてテント泊。「あぁ、あなただったのね」の言葉が頭から離れない、不思議な日だった。

絵を描きながら寝そうになった

◉ 一〇月三〇日／歩行距離二八キロメートル／描いた寺 二寺

愛媛県喜多郡内子町～上浮穴郡久万高原町［野宿／古岩屋荘前バス停］

「道の駅・小田の郷せせらぎ」は標高二〇〇メートル地点にある。テント泊は寒かった。寝る前にスマホであれこれ見ていたせいで寝付けなくなり、睡眠不足で目覚めが悪い。

朝七時、思い切って寝袋から出て肌寒い中テントをかたづけ、出発。途中、車が停まり、人が降りて駆け寄ってきて「これ、持ってって！」とミカンを三個手渡してくれた。ミカンの味を通して、お接待の熱意をしみじみ味わう。

四十四番へ抜けるルートはいくつかに分かれているが、僕は標高六五一メートルの峠を越える農《のう》祖峠《そとうげ》を抜けるルートを選んだ。坂の山道に喘ぎながらも午前一一時半、**第四十四番大宝寺**《だいほうじ》に無事到着。ここまで明石寺から六八キロメートル。後半戦第一番目の札所にようやくたどり着いた。礼拝、納経。そして後半戦初の絵描き。ブランクもあって、うまく描けるか少し不安だったけど、出来はまずまず。これからまた一寺ずつ丹精を込めて描いていくことを誓う。

大宝寺の裏山から四十五番への道のりを歩く。高地・久万高原町《くまこうげん》の新鮮な空気を吸いながら山道を歩くのはいい気持ちだったが、標高五七〇メートル地点から始まる難所・八丁坂《はっちょうざか》に挑むと状況が一変。ここから八七〇メートル（八丁）の間で標高一六〇メートルの急斜面を一気に登る。だいぶき・

ている足への追い打ちとなり、早くも苦しい。修行道はギリギリまで人を追い詰めるように作られていて、乗り越えるには体力だけでなく根性も必要になる。

第四十五番岩屋寺《いわやじ》に到着後、汗びっしょりで缶ジュースを立て続けに二本飲んだ。そして礼拝、納経、絵描き。切り立った巨大な岩を穿《うが》ち作られた本堂を見ながら、よくこんなものを作ったもんだと感嘆する。本堂脇の急斜面にかけられた梯子《はしご》から洞門《どうもん》にも上れるようだが、高所恐怖症なので上らない。「落ちても自己責任」と記されていた。

絵を描いているとき、疲れからかウトウトとしてしまった。絵を描きながら寝そうになるなんてあり得ない。集中力が欠けている。なのに、絵の出来はまずまずだった。これまでも体調が悪いときに意外といい絵が描けたりすることがあって、絵は本当に描き終わってみないとどんな出来ばえになるのか分からない。

辺りが暗くなってきたので岩屋寺を下り、麓の温泉宿へ向かう。宿で晩御飯を食べ温泉に浸かる。しかしそこには泊まらない。宿の下の自動販売機が並ぶバスの待合室のような広い空間にテントを張らせてもらう。どうやら先客がいるようでもう一張テントがあった。しかしそのテントには人の気配がなく、声をかけずにそのまま自分のテントに入った。

この日も寒い夜だった。

Column

お遍路とスマホ

お遍路の旅路では、僕はずいぶんスマホに頼った。特に野宿スポットと温泉探しはお遍路のための親切な紹介ページがあって、大いに参考にさせてもらった。スマホはもっとも手軽に情報を得られ、俗世間とつながることができ、また寂しさをまぎらわすことができる手段だった。巡礼中は携帯電話やスマホを控えるというお遍路さんもいるが、それは人それぞれでいいと思う。スマホで調べた情報がなかったら、僕のお遍路はまったく形を変えただろうし、より厳しいものになったと思う。

第30日

オーストラリア人青年と休憩所

◉一〇月三一日／歩行距離二一・六六キロメートル／描いた寺二寺

愛媛県上浮穴郡久万高原町～松山市南高井町［野宿／久谷大橋の下］

久万高原町《くまこうげん》は愛媛でも寒い地域として知られる。昨夜はテント内で寝袋に入ったときにはそれほど感じなかったのだが、深夜から早朝にかけて気温がかなり下がったようだ。朝、目を覚ましても寒さでなかなか寝袋から出られない。

もう一張のテントからごそごそ音がするので、僕も思い切って寝袋を出た。僕より先にテント泊をしていたのはオーストラリア人の青年だった。つたない英語でしばし喋ってから、僕が先に出発した。しばらく続く遍路道から見上げると、「古岩屋《ふるいわや》」という無数の穴が開いた岩峰が見え、その穴の一つに不動明王像が立っていた。一木造りの木像で、背後に真っ赤な炎が立ち上る。強烈な存在感の作品である。いったい誰が彫ってどうやってそんなところに運んだのだろう。

程なくして昨日と同じ道に出て、まったく同じ道をしばらく歩いた。その後、三坂峠《みさか》を越えていよいよ松山市《まつやま》に入った。三坂峠は上りはアスファルトの道なのに、珍しく下りから林道の遍路道になった。標高七一〇メートルの峠の頂からの勾配の強い下りは、歩いていても自然とスピードが出てしまう。ブレーキをかけると足に負担がかかり、ひどい痛みを伴った。後半戦がスタートして四日目、この痛みの先にあるであろう遍路足完成まで、またあの足がズタボロになる過程を経るのかと思うと、顔がゆがむ。

足の苦痛に耐えながら標高三五〇メートルまで下りたところで、「坂本屋」というお遍路のための休憩所に出くわす。本来は土日祝日だけ開けている休憩所だそうだが、この日は午前中にスペインの大使がここを歩いたため、平日だが特別に開けていたとのこと。ボランティアの人たちの運営だそうだ。そこでお茶・ミカン・まんじゅう・炊き込みご飯のおむすびまでいただく。すごいお接待だ。昔はこの遍路道が街道で、坂本屋も五〇年前までは遍路宿（旅籠）だったらしい。土間で一服させてもらったが、その風情は十分感じられた。

遍路道は峠の難所ばかりだけど、そうした道がかつての交易路だった。昔の人は健脚で、いくつもの山を乗り越えてきたんだなぁとしみじみ思う。

坂本屋でくつろいでいると、一緒に野宿をしたオーストラリアの青年が追いついてきたので、そのまま次の浄瑠璃寺《じょうるりじ》まで話しながら歩いた。驚いたのは彼が「水ぶくれなんて一度も出来たことがない」と言うこと。体質や歩き方、靴などの要素もあるとは思うけど、これだけ苦しんでいる一方でそんな人がいるとは信じられない思いがした。

そうこうしているうちに**第四十六番浄瑠璃寺《じょうるりじ》**に到着。礼拝、納経、絵描き。絵を描いている間にオーストラリア人青年は笑顔で去ってゆく。その後〇・九キロメートル先の**第四十七番八坂寺《やさかじ》**も礼拝、納経、絵描き。

八坂寺を打った後の野宿場所まではわずか三キロメートルだったが、その道のりは厳しかった。いよいよ足を引きずりながら歩くようになった。道端の中華料理店でボリューム満点の定食を食べ、温泉施設で日帰りの入浴をしてから、重信川《しげのぶがわ》にかかる久谷大橋の下にテントを張る。

五日目の野宿。足にはひどい水ぶくれが三カ所に出来ていた。踵の痛みもついにきた。ここからが勝負だ。

Column

サンティアゴ・デ・コンポステーラへの巡礼道

「カミーノ・デ・サンティアゴ」は、スペイン北西部にあるキリスト教の聖地サンティアゴ・デ・コンポステーラの大聖堂を目指す巡礼道のこと。お遍路の次はサンティアゴを、とか、サンティアゴへの巡礼を終えてお遍路をしに来たという人に何人も出会った。僕は昔、絵描き旅でたまたまサンティアゴに行ったことがあるが、大聖堂前の広場で抱きあったり涙を流したりしている人を目にした。それが巡礼を終えた人たちだとは当時は知らなかったが、まさにそこが感動の舞台だったのだ。カミーノでは産地を通るというのもあって、道々でワインが飲めるという。お遍路で海外の人と話すと、よくカミーノが話題になる。四国お遍路に相通ずるところも多い。こちらは一九九三年にユネスコの世界文化遺産に登録されている。

第31日

道後温泉でリフレッシュできた

◉一一月一日／歩行距離一一キロメートル／描いた寺 四寺

愛媛県松山市南高井町〜松山市二番町［ビジネスホテル泊］

橋の下での野宿ではよく眠れたが、朝から足の裏がじんじんする。ゆっくり準備をし、コンビニで朝食。今日は札所間の距離が近いので、次々に絵を描かなくてはならない。

橋から歩いて一キロメートルばかりで**第四十八番西林寺《さいりんじ》**。礼拝、納経、絵描き。山門前の太鼓橋から望むように描く。次いで三・二キロメートルで**第四十九番浄土寺《じょうどじ》**。礼拝、納経、絵描き。絵を描いていると、「お接待！」と言ってドイツ人の男性から柿をもらう。またしばらくすると、観光バスからお遍路さん一行が降りてきて、その中の年輩の男性が「これをお昼にでも使って」と、なんと千円札をもらう。さすがに驚き、恐縮したものの、ありがたくいただいた。どうしたんだろう、僕に何かお接待したくなるようなオーラでも出始めたのだろうか。

さらに一・七キロメートルで**第五十番繁多寺《はんたじ》**。痛む足をかばいながら歩く。今日は寺が続いて歩きが少ないのがとにかくありがたい。昨日のお接待所・坂本屋でお接待をしてくださった人にばったり会う。むこうが気づいて声をかけてくれた。労いの言葉をいただき元気が出た。

繁多寺を描き終える。これで三寺。絵描きだけで三時間を費やした。だいぶ疲れたが、もう一息。お寺の前で昔ながらのアイスバーを売っていたので思わず一本買って歩きながら食べる。

第五十一番石手寺《いしてじ》までは二・八キロメートル。歩き、到着。礼拝、納経、絵描き。石手寺の裏山から遍路道に入り、小さな山を抜けると一キロメートルほどで道後《どうご》温泉だった。日本有数の観光地の前を遍路道が通っているとは思わなかった。せっかく松山まで来たんだし一息つこうと思い、路面電車で松山市内に出ることにした。この足では観光など出来ないけど、町なかでご飯を食べてゆっくりするだけでも十分だ。

路面電車に乗って大街道《おおかいどう》で下車。松山市中心部に着いた。なんだかとてもうれしい。予約したビジネスホテルに入って荷物を下ろし、ベッドに飛び込む。最高の気分だった。

夜、もう一度路面電車に乗って、あらためて道後温泉に行き、ゆっくりと温泉に浸かり、それから温泉街を軽く散策した。ひょこひょこ歩く姿が少し恥ずかしい。その後、愛媛の郷土料理・鯛めしを食べた。束の間の観光気分で気持ちも休まりずいぶんリフレッシュできた。その日はふかふかのベッドでゆっくりと眠った。

柿ひと袋100円！

Column

寺が一番恐れるもの

境内でよく「托鉢《たくはつ》禁止」と張り紙がしてあるのを目にする。お遍路にとって托鉢は大事な修行のひとつだが、「偽お遍路」が小遣い稼ぎに托鉢をすることがよくあったらしい。境内で托鉢すれば信心深い参拝者からのお布施が集まることだろう。それがもし偽お遍路だとしても、寺は注意しづらいと聞いた。「いざこざになって寺に火でも付けられては困る」という理由だそうだ。札所の寺はこれまでも長宗我部軍の兵火や失火など幾度も火事に遭ってきて、いまだに恐れている。火事により、寺は焼失と再興の歴史を歩んできた。寺の建物は文化財級のものが多い。火の始末には何より気を遣っているとの話だ。

第32日

お接待を受けるたびに心がきれいになっていく

◉一一月二日／歩行距離二八キロメートル／描いた寺二寺

愛媛県松山市二番町～松山市大浦［野宿／道の駅・風早の郷風和里］

後半戦開始以後、五日間連続の野宿をしていたので、ベッドでの一夜は本当に心地よく、たまっていた洗濯物もホテルで全部洗濯と乾燥を済ませることができて、心底すっきりした。朝食も存分に味わい、気持ちも新たに出発。路面電車で三度《みたび》道後温泉駅まで戻り、温泉の前で白衣に袖を通す。「よし！」と気合を入れ直し、再出発。足の痛みは変わらないが、我慢して遍路足を育てていく。

約一二キロメートル歩いたところで、「あれ⁉」。道を間違え**第五十三番円明寺**《えんみょうじ》に先に着いてしまった。まぁ、いいや。五十二番を飛ばして先に打ってしまおう。礼拝、納経、絵描き。実は、円明寺のそばの遍路道上に安くてうまいうなぎ屋があるとスマホで見つけていて、お昼に食べたいな、でもそんな贅沢しては……などと歩きながら考えていたので道を間違えてしまったのだ。こうなったらそのうなぎ屋に行くしかない。ところが、店の前まで行ったら、休みだった。何だかとても自分が恥ずかしくなった。

道を間違えたのでそこから二・五キロメートル戻って**第五十二番太山寺**《たいさんじ》に到着。礼拝、納経、絵描き。絵は好調をキープしている。絵を描き続けていると手が馴染んできて感覚が良くなるのだ。でもブランクが続けばすぐにまた鈍る。

太山寺を後にして、和気《わけ》の公民館に差しかかったところで老爺たちに呼び止められ接待を受ける。地域の活動としてのお接待だそうで、お茶をいただきながらしばしの会話を楽しむ。本当は気持《せ》ちが急いていたので断ろうかと考えていたが、お遍路のルールである「お接待は断ってはいけない」に従って受けることにした。お茶を片手に励ましの言葉を受け、とても和やかな気持ちになった。やっぱり受けてよかった。

さらに進んだところで民家の庭先から「どこまで行くの?」と女性に話しかけられ、ここでも立ち話をする。買い物車を押しながら歩く高齢の女性からは、「お接待」と言われて栄養ドリンクを一本もらった。そうやって触れ合うたび、何だか自分の心がきれいになっていく気がする。

北条《ほうじょう》へ向かう道のりで久しぶりに見た海は、徳島や高知で見た海とは異なる瀬戸内の海だった。碧《あお》い海に凪《な》いだ波がさざめく穏やかな顔をした海だ。

足の痛みで一二キロメートルの道のりがとても長く感じた。暗くなる頃に北条港に面した「温泉・シーパMAKOTO」に到着。温泉にゆっくり浸かって出てくると、休憩所のテレビで楽天対巨人の日本シリーズ第六戦をやっていた。公式戦二四勝無敗の田中マー君とエース菅野の投げ合い。その素晴らしい投げ合いを途中まで見るも、夜が更けてしまわないうちに再びバックパックを背負ってシーパから二キロメートル余りの「道の駅・風早の郷風和里」まで歩く。この日はそこで野宿する。

到着後、テントを張り、中に入って懐中電灯を天井から下げ、もぞもぞと寝袋に入りしばしスマホチェック。日本シリーズの結果を見る。結局マー君は九回を完投するが敗れ、日本シリーズは最終戦にもつれる形となった。スマホをやめ、懐中電灯を消し、瞼を閉じる。

第33日 足の痛みで絶望的な行程を友人が助けてくれた

愛媛県松山市大浦〜今治市大西町［旅館泊］

◉一一月三日／歩行距離一九キロメートル／描いた寺 二寺

昨夜はテントを張っている道の駅の駐車場に若者たちの車が集結したようで、夜中ワイワイやる声に目が覚めた。仕方がない。野宿しているといろいろなことがあるものだ。

朝六時半過ぎに早目の出発。瀬戸内の海岸線をひたすら歩く。足の状態は昨日に増して悪い。痛みに堪えて歩くのだがたびたび休んでしまい、なかなか進まない。午前一一時頃、足の痛みがひどくなった。これは歩けないかもしれない。そんな諦めの気持ちが出るほどの痛みだった。

その日の一日の行程が絶望的に思えたところに、メールが届いた。「これから行くわ」。送り主は、出発二日目に陣中見舞いにきてくれたJAふらの農作業ヘルパーの仲間だった香川県の友人。少し先にある「JR大西駅で会おう」ということになり、歯を食いしばって何とかそこまで歩いた。「ほな、今日はここまでやな」と彼が言うので、僕もこの日はここで区切ることにした。彼とはお遍路の日々の中では約三〇日ぶりの再会となる。最初と比べ、彼の目に今の僕の姿はどう映っただろう。

彼は駅前のラーメン屋で「お接待や」とごちそうしてくれた。それから彼にお願いして三キロメートル先にある**第五十四番延命寺《えんめいじ》**まで車で連れて行ってもらい、一緒にお参りをした。礼拝、納経、絵描き。絵を描いている一時間、彼は待っていてくれた。そしてまた次の**第五十五番南光坊《なんこうぼう》**まで車で送ってくれて、そこで別れた。「頑張りや。また来るわ」。一人で歩いていると、ついオーバーペースになるし痛みや疲労もこらえてしまいがちだ。でも、彼の優しい「頑張りや」ということばには「意地を張って頑張り過ぎないように」という意味が込められているように感じた。それにしても、彼のあまりのタイミングのよい登場に驚いた。お大師様がどこかで僕のことを見ていて、限界まで来たところで助けの使いをよこしてくれたのではないかとさえ思う。いや、もしかしたら彼自身がお大師様なのかもしれない……などと真剣に思った。

南光坊の絵を描き、礼拝、納経。描き終わった頃から雨が降り出した。南光坊から至近の今治《いまばり》駅までカッパを着て歩き、電車に乗って大西駅に戻る。車窓に映る、電車に乗っている自分の姿を見て、不思議な新鮮さを感じた。駅にたどり着いても、しとしと降る雨の中、足を引きずりながら歩き、予約した旅館に到着。例によって針と消毒液で水ぶくれの処置。これで明日は少しでも良くなっていてくれ。

「すでに松山入りした」という富良野の友人にメールを返す。「明朝、予讃《よさん》線大西駅にて待つ！」。明日から二日間は富良野からお遍路を経験しにやってくる友と一緒に歩く。今日先に二寺の絵を描いたのは、一緒に歩くと自分が寺を描く時間彼を待たせることになるのでその時間を少しでも減らすためだった。結局香川の友人には今日ひと寺分待ってもらったのだが、おかげで絵も先に描け、足を休息させることもできた。ありがたいというほかない友からのお接待だった。

第34日

旅は道連れ――束の間の三人旅

◉一一月四日／歩行距離一五キロメートル／描いた寺二寺

愛媛県今治市大西町〜今治市玉川町［宿坊泊／第五十八番・仙遊寺］

旅館で朝食を済ませ、支度をして出発。足もまずまず。いや、だいぶましになった気がする。

ＪＲ大西駅で午前八時に待っていると、電車から懐かしい顔が降りてきた。富良野からきた友人と握手。そして彼に昨日のうちに買っておいた納経帳をプレゼントする。

ここから明日午前まで連れだって歩く。まずは昨日の続きで第五十四番延命寺、次いで第五十五番南光坊へ。彼とともに礼拝、納経。お遍路の仕方やこれまでどんなに大変だったかなどと話をしながらゆっくりとした足取りで歩く。今治駅前のそば屋で昼食をとった後、駅から約三キロメートルで**第五十六番泰山寺**《たいさんじ》。礼拝、納経、ここからは絵描き。絵を描いているあいだ待っていてもらうのは申し訳ないが仕方がない。絵を描いている最中に、先日別れたオーストラリア人の青年がやってきた。聞くと、何でも二日間ほど松山市中心部にとどまって、観光していたそうだ。それで、次の栄福寺までの三・一キロメートルを三人並んで歩くことにした。旅は道連れ、である。

第五十七番栄福寺《えいふくじ》を礼拝、納経、絵描き。僕が絵を描き始める前にオーストラリア人の青年は先に発った。描き終わって、友人と二人で再出発。この日の最後は**第五十八番仙遊寺**《せんゆうじ》。天智天皇の勅願によって建てられたという古刹で、作礼山《されいざん》の上にある。その山登りが適度な遍路道で、きつすぎず緩すぎず、お遍路初心者にはとてもいい。この辺りは寺が多くて御朱印もどんどん貯まるし、我ながらいい日程を組んだもんだと自賛。到着後、礼拝、納経。もう日没だったので絵は翌朝に回す。この日は仙遊寺の宿坊に泊まる。

仙遊寺の宿坊は精進料理で有名である。玄米ご飯に肉や魚が出ない本格的な精進料理なのだが、その一品一品が工夫の凝らされたもので素晴らしい。しかも、お風呂が温泉でまた素晴らしい。

そのお風呂場でオーストラリア人の彼とまた出会った。彼はこの寺の通夜堂に泊まるとのこと。朝早く発つと言って、じゃあまたと言って別れたが、残念ながらその後彼に会うことはなかった。

リタイヤさえ頭によぎった前日の足の状態を考えると、この日は本当にうまくいった。前夜の処置が効いたのか足の裏の痛みがずいぶん消えた。いや、何より「これから行くわ」とやってきて「頑張りや。また来るわ」と去っていった香川県の友が足を休ませてくれたことが大きかったのだ。あらためて、お大師様のありがたいお導きに感謝をしながら、朝の勤行に備えて早目に眠った。

Column

通夜堂とは

夜を通して仏事を勤行するために寺の境内に設置されたお堂。歩き遍路のために使わせてくれるお寺がある。また、宿泊させることは自らの功徳になるとして一般の人が無料で場を提供する「善根宿《ぜんこんやど》」というのも各地にある。僕は同宿相部屋は気兼ねをするし、疲れを癒しづらいと思って、今回は両方とも使わなかったが、通夜堂や善根宿に宿泊すればきっといろいろな人に出会い、話も膨らむことだろう。

御朱印

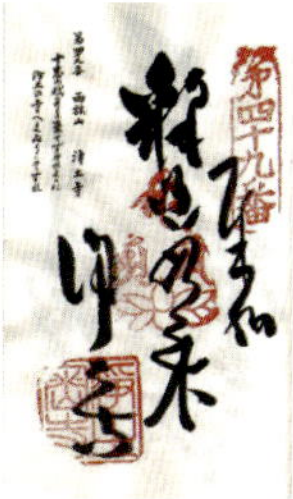

第**49**番札所

西林山《さいりんざん》 三蔵院《さんぞういん》　浄土寺《じょうどじ》

天平勝宝年間に孝謙天皇の勅願で恵明上人が開基。荒廃、焼失、再興を経る。平安中期に市聖・空也上人が滞在、村人の懇願により自ら彫った「空也上人像」が安置、重要文化財。本瓦葺き、寄棟造りの本堂も重要文化財。

御朱印

第50番札所

東山《ひがしやま》 瑠璃光院《るりこういん》　繁多寺《はんたじ》

天平勝宝年間に孝謙天皇の勅願により行基が開創。時宗の開祖・一遍上人の修行の道場としても知られる。山の中腹に位置し、山門に面して右側には市水源池がある。松山市内を望みつつ一服を取るのにちょうどいいのどかな風情漂う。

御朱印

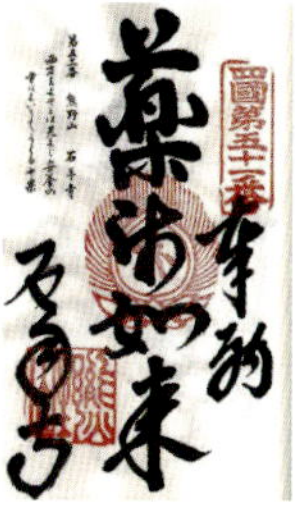

第**51**番札所

熊野山《くまのざん》 虚空蔵院《こくうぞういん》　石手寺《いしてじ》

神亀年間に聖武天皇の勅願により伊予の国司・越智玉純が伽藍を建立、天平元年（729年）に行基により開創。遍路の元祖と言われる「衛門三郎」ゆかりの石をはじめ、仁王門、本堂、三重塔など四国霊場随一の寺宝・文化財を有する。

御朱印

第52番札所

瀧雲山《りゅううんざん》 護持院《ごじいん》　太山寺《たいさんじ》

用明天皇の時代に豊後国の真野長者が創建。鎌倉時代に建立の本堂は国宝で、仁王門と本尊の木造十一面観音立像は重要文化財。聖徳太子がこの寺と縁をむすんだため、聖徳太子堂があるほか、創建者を祀る真野長者堂もある。

御朱印

第**53**番札所

須賀山《すがざん》 正智院《しょうちいん》　円明寺《えんみょうじ》

天平勝宝年間に聖武天皇の勅願により行基が開創。たびたび兵火により滅びかける。山門をくぐった左手に「キリシタン灯篭」があり、禁制の江戸時代に信者の礼拝を黙認していたと思われる。慶安3年（1650年）の銅板製の納札を保存。

御朱印

第**54**番札所

近見山《ちかみざん》 宝鐘院《ほうしょういん》　延命寺《えんめいじ》

天平年間に行基が開創、後に嵯峨天皇の勅願により弘法大師が再興。数度の兵火を受け、現在地に移動。現在の梵鐘は3代目。初代は長宗我部軍が金にしようと掠奪し海上へ運んだところ、梵鐘自ら海中へ沈み掠奪を拒んだと言われる。

御朱印

第**55**番札所

別宮山《べっくさん》 金剛院《こんごういん》　南光坊《なんこうぼう》

四国霊場で唯一「坊」が付き、大通智勝如来《だいつうちしょうにょらい》を本尊に祀るのも四国霊場唯一。かつては隣接する別宮大山祇神社が札所で南光坊はその別当寺であった。神仏分離令により寺として独立。大師堂と金毘羅堂は大空襲を免れ、姿を今に残す。

御朱印

第56番札所

金輪山《きんりんざん》 勅王院《ちょくおういん》　泰山寺《たいさんじ》

天長元年（823年）淳和天皇の勅願寺として弘法大師が開創。毎年のように蒼社川が氾濫し、地元の人が「人取川」と称して悪霊の祟りだと恐れていたところ、大師が秘法を修じて収める。山門がなく、石垣に囲まれた高台に佇む。

御朱印

第**57**番札所

府頭山《ふとうざん》 無量寿院《むりょうじゅいん》　栄福寺《えいふくじ》

弘仁年間に嵯峨天皇の勅願により弘法大師が開基。府頭山山頂にある石清水八幡宮と元は同境内にあったが、神仏分離令により寺が現在地に移転。現大師堂は山頂にあったものを移築。外周りには十二支の干支の彫刻が施されている。

御朱印

第**58**番札所

作礼山《されいざん》 千光院《せんこういん》　仙遊寺《せんゆうじ》

天智天皇の勅願により伊予の国守・越智守興が作礼山上に創建。仙人が遊んだという伝説から寺号が付く。昭和22年（1947年）の山火事により全堂が焼失するも、漸次再建。本格的な精進料理が味わえ、天然温泉が湧き出る宿坊が人気。

御朱印

第59番札所

金光山《こんこうざん》 最勝院《さいしょういん》 国分寺《こくぶんじ》

聖武天皇の勅願により行基が創建。四国各県に1寺ずつある国分寺のうち、伊予のひとつ。藤原純友の乱、源平合戦に長宗我部の兵火と再三焼失し、そのたび復興。創建当時の跡地に花崗岩の13個の礎石が見つかり、国指定の史跡となる。

御朱印

第**60**番札所

石鉄山《いしづちさん》 福智院《ふくちいん》　横峰寺《よこみねじ》

愛媛・伊予の関所寺。修験道の開祖・役行者《えんのぎょうじゃ》小角《おづぬ》が開創。西日本最高峰にして霊峰の誉れ高き石鎚山（1982m）の中腹に位置する深山の霊場。かつては石鎚神社の別当寺。桓武天皇の脳病も大師の加持で全快、脳病に霊験あらたかと評判に。

御朱印

第**61**番札所

栴檀山《せんだんざん》 教王院《きょうおういん》　香園寺《こうおんじ》

用明天皇の病気平癒を祈願して聖徳太子が創建した古刹。昭和51年（1976年）建築の大聖堂は本堂と大師堂を備える地下1階地上2階の鉄筋コンクリート造りで、他の寺と趣がまったく異なる。子宝祈願にご利益ありとされ、子安大師像も。

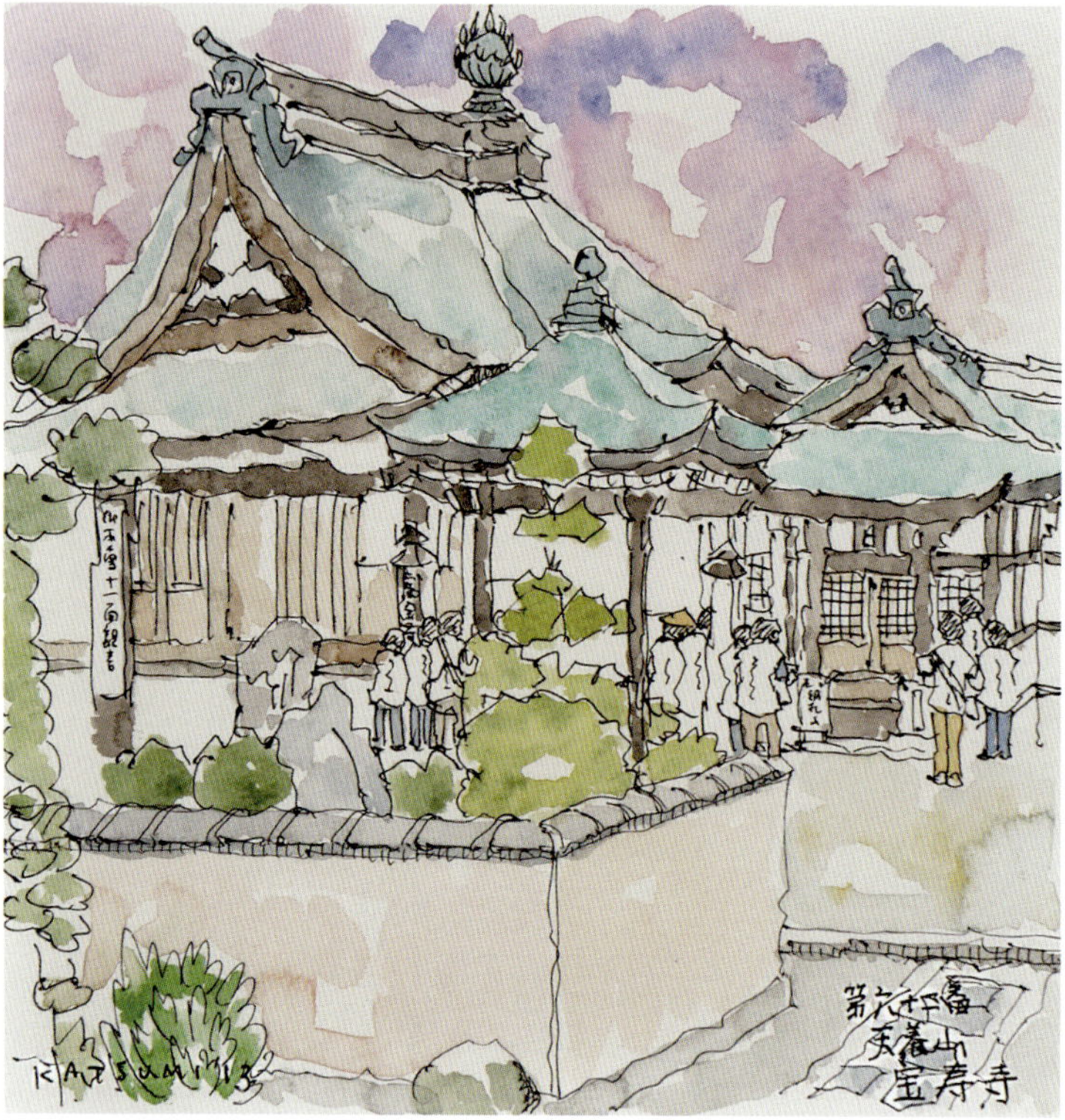

御朱印

第62番札所

天養山《てんようざん》 観音院《かんおんいん》　宝寿寺《ほうじゅじ》

天平年間に聖武天皇が諸国に建立した一の宮のひとつである伊予国一の宮の御法楽所として建立。神仏分離令で廃寺になるも、その後再建。たびたび川の氾濫に遭い、兵火も重なり大正時代に現在地へ。大師により刻まれた十一面観音像は秘仏。

御朱印

第63番札所

密教山《みっきょうざん》 胎蔵院《たいぞういん》　吉祥寺《きちじょうじ》

四国霊場で唯一毘沙聞天が本尊。弘仁年間に弘法大師が坂元山に開創。天正年間に豊臣秀吉による四国攻めの兵火で全山焼失、現在地で再興。長宗我部元親がイスパニア船船長から貰い受けた「マリア観音」が保管され、秘仏とされている。

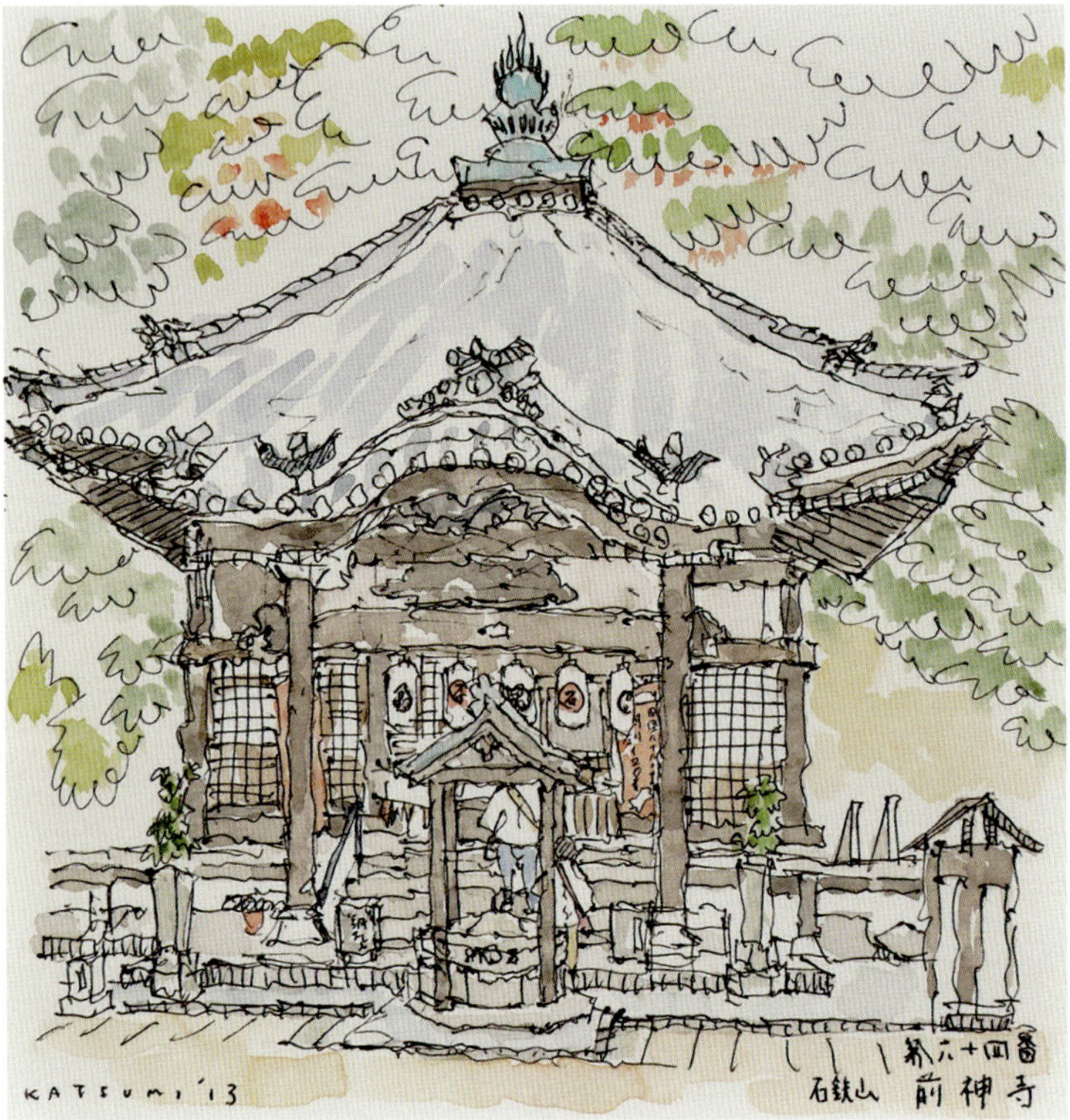

御朱印

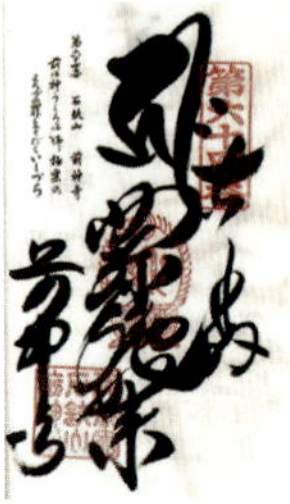

第64番札所

石鉄山《いしづちさん》 金色院《こんじきいん》　前神寺《まえがみじ》

真言宗石鉄派の総本山にして石鉄修験道の根本道場。天武天皇の時代に役行者《えんのぎょうじゃ》小角《おづぬ》が開基。石鎚神社が元札所で当寺が別当寺を務めたが、神仏分離で廃寺に。後、現在地で再興。石鎚神社とともに石鎚信仰の二本柱を担う。

第35日

連れだって歩くのはなかなか大変だ

◉一一月五日／歩行距離二八キロメートル／描いた寺 二寺

愛媛県今治市玉川町〜西条市小松町［旅館泊］

早朝六時から本堂にて朝の勤行。冴えた空気に響く読経の声が身体に沁みてくるようだ。四国のお遍路を世界遺産にすべく奔走しているという住職による法話を聴いたあと、朝食に身体が喜ぶような精進料理をいただき、充実した気持ちになる。一時間、絵を描いてから出発。

友人はしかし、どうやら先を急ぎたくなったようだ。限られた時間しかないのに僕の絵描きに時間を取られ、歩いたら歩いたで足の傷む僕は遅いときてる。途中でいよいよ置いていかれてしまった。それも致し方ない。それぞれのペースがある。お遍路で連れだって歩くというのはなかなか大変なことなのだ。

第五十九番国分寺《こくぶんじ》に僕が着いたときには友人はひとりで読経も済ませていた。僕の経本を貸していたのだけど、わずか二日でお参りと納経の仕方を体得していた。納経帳に御朱印を捺《お》してもらう達成感もしっかり味わったようだ。

国分寺の前のバス停で、やってきたバスに乗る彼を見送った。実にいい顔をしているのを見て、僕はひとりのお先達《せんだつ》として一応役目を果たせたような気分になった。

さて、僕のペースに戻そう。あらためて国分寺の礼拝、納経、絵描きを終え、第六十番横峰寺《よこみねじ》に向かって歩き出す。横峰寺はあのお祓いをしてくれた女性が崇めている霊峰石鎚《いしづち》山の中腹にある。横峰寺までの道は、伊予「菩提の道場」最大の遍路ころがしだという。気を引き締める。国分寺から横峰寺アタック前に泊まることにした宿までの二二キロメートルはアスファルト道が続き、そのせいで足の指の股にまた水ぶくれが出来た。小刻みに休みを取る。途中、「道の駅・今治《いまばり》湯《ゆ》ノ《の》浦《うら》温《おん》泉《せん》」で休みを取っていたところ、同じく休憩している三〇代と思しき女性のお遍路さんと少し話をした。岡山から来たんだそうだ。その後、先に僕が出発したのだが、後から彼女に抜かれてしまった。健脚そうだが、妙に暗い印象を受ける女性だった。水ぶくれの足を気にしつつ、夕方何とか宿に着く。

食堂で、翌日同じく横峰寺に挑むという広島から来ている元気な中年女性と「お互い無事に乗り越えられればいいですね」と少し話をした。

宿の目の前には石鎚山が聳《そび》えている。こんなのを登れるのだろうかと思う。でも、「これを登れ。さすれば何かを得られる」というお導きなんだろう。緊張感が高まるが、苦しい時ほど楽しもうと言い聞かせながら眠りにつく。

第36日

道を間違えあわや遭難

◉一一月六日／歩行距離二九キロメートル／描いた寺 三寺

愛媛県西条市小松町～西条市洲之内［野宿／「老人憩の家」前の東屋］

六時半からの宿の朝食に鯛茶漬けが出てきて驚く。景気がいい。名物料理に舌鼓を打って、出発。遍路道に入るまでの七キロメートルほどのアスファルト道をだらだらと上っていく。景色は徐々に鄙《ひな》びていき、民家も少なくなっていく。いっそのこと、アタックが始まってくれたほうがスイッチも入るのだけど、じわじわ攻められているような気分。

そうしているうちに、湯浪《ゆうなみ》休憩所に到着。ここからがいよいよ遍路ころがしだ。荷物を下してしばし休憩、心を落ち着ける。一〇分ほど休んで中年男性のお遍路さんが後からきて腰を下したところで「よし、行くか」とこちらは腰を上げる。地面に金剛杖《こんごうづえ》をひと突きして気合いを入れ、「お先に行きます」と登り始める。標高三〇〇メートル地点の休憩所からお寺の位置する七四五メートル地点まで、距離にして

いざ！　横峰寺へ

険しい山道をゆく

東屋で野宿

二・六キロメートルほどの急勾配を一気に登る。汗が噴き出る。上着を脱いでTシャツになる。手ぬぐいで汗を拭いながら歯を食いしばって進む。

この遍路道は修行道の名残を十分に残していて、山のせせらぎに丸木橋がかかる箇所では雨天などで増水すると一気に危険が増すと地図に注意書きがある。実際にお遍路が遭難したこともあるらしい。立て札や矢印マークといった方向案内を見落とすことのないように十分に用心しながら進む。何とか道を間違うことなく登り切り、無事**第六十番横峰寺《よこみねじ》**にたどり着き、礼拝、納経、絵描き。

立って絵を描いていると、汗まみれのシャツに山上の風が当たって寒い。その寒さが集中力をくじく。遍路ころがしをむきになって歩いてしまい、汗だくになってしまったことを反省する。自分にとって大切なのはいい絵を描くことだ。そのためには絵を描くのに一番いいコンディションを維持しなくてはならない。

絵を描き終わり、昼食用にコンビニで買っておいたおにぎりなどでお腹を満たし六十一番に向けて出発。下りもまた山の中の遍路道だ。

宿で会った広島の女性と山中で出会う。「先に行ってちょうだい。私はゆっくり行くから」「分かりました。気をつけて！」とその女性を追い越した後、紛らわしい二股の分かれ道に出くわす。見たところ道しるべがなく、そこにちょうど誰かが落とした納札があり、それを道しるべだと思って左の道へと進む。山道をどんどん奥へと下りる。普段は見かける「遍路道」という枝にかかる札が見えないのが少し気になる。さらに進んでいくとまた二股に出くわした。まずい気配がする。さっき追い抜いた広島の女性も、僕がこの道に行ったことが上から見えたかなと心配になる。彼女も僕と同じ道を進んできているなら、この二股で我々が違う道を選ぶと彼女ひとりを迷わせることになりかねない。僕はひとまず右の道を進むことにし、後から来ても分かるように、僕の進んだ道のほうに一枚納札を置いておいた。そうすれば、女性もきっとこっちの道を選ぶはずだと信じて。しばらく進んで、「ダメだ！　道を間違えた。戻るしかない！」と判断した。下り続けた道をまた登って戻るのは精神的にかなりきついが、このままさらに深入りすれば遭難しかねない。

幸運と言っていいか、後ろから来た広島の女性とぶつかった。納札を頼ってついてきてくれたのだ。置いておいてつくづくよかった。「ダメです！　僕らは間違っています。一緒に戻りましょう。

頑張りましょう」と言って、最初に紛らわしいと思った二股まで、一緒に戻った。女性は気の毒なくらいきつそうに見えた。

最初の二股に戻ってよくよく見たら、草の陰で分かりづらいがやっぱりちゃんと右側を示す方向案内があった。危ないところだった。彼女に、「こっちでしたね。これでもう大丈夫でしょう」と言って、「次のお寺で会いましょう！」と言って、僕は先に進んだ。

ちょっと進んだところで、思わぬ顔と出会った。座っていたのは昨日道の駅で出会った岡山の女性のお遍路。最初に会ったときからなんだか僕はその人が気味悪く感じたのだが、そこで出会った瞬間背筋がぞっとした。「休んでいるんですか？」と聞くと、「えぇ」と言う。健脚そうに見えたこの人がこんな下りで休んでいるのが腑に落ちない。もしかしたら、この人は僕が道を間違えて山の奥へ行くのを眺めていたんじゃないだろうか。この人は妖怪か何かじゃないだろうかと直感的に思った。

その後、その人は僕についてくるようなかたちになった。途中にある番外霊場・白滝に寄りたいというので寄って礼拝してから、**第六十一番香園寺《こうおんじ》**に到着。気づいたらそこで彼女はいなくなっていた。挨拶もなく、その後も会うことはなかった。

礼拝、納経後、絵を描いていると、広島の女性が追いついてきた。無事でよかった。彼女もホッとした顔をして、「これ、お接待。いいの。受け取って。本当にありがとう」と、千円札を持たせてくれた。よかったよかったと、ありがたく受け取った。

その後、気を取り直し、さらにあと一・三キロメートル先の**第六十二番宝寿寺《ほうじゅじ》**も礼拝、納経した。

夕方五時を回っても絵を描いた。暗くなりかけたところを無理して描いたので、ちょっと苦しい絵になった。

夜は宝寿寺から四・六キロメートル離れた次の次の札所、前神寺《まえがみじ》そばの施設「老人憩の家」の前の東屋でテントを張ってそばの温泉に浸かった。

霊峰と呼ばれる石鎚山《いしづちやま》には何かがいるのだろうか。危うく遭難しかけたことと、あの女性があそこにいたことが僕のなかでずっと引っかかっている。それらの〝受難〟をしかし僕は無事に乗り越えることができた。広島の女性を助けることもできた。それもこれもお大師様のご加護と、あの時石鎚神社を毎朝お参りする女性にお祓いをしてもらったおかげだと思った。

もし道に迷っても落ち着いて考え、間違えたらちゃんと来た道を戻ればいい——それを今回僕は学んだ。戻ることも決して無駄ではない。難所と言われる横峰寺を無事打ち終えられたことにホッとしながらテントの中で眠りに落ちた。

Column

番外霊場・白滝

第六十一番札所・香園寺《こうおんじ》の奥之院で本尊は不動明王。滝行の修行場で、滝の前には脱衣小屋もある。

第37日

一日に歩ける距離の限界を知った

◉一一月七日／歩行距離三二キロメートル／描いた寺二寺

愛媛県西条市洲之内～四国中央市土居町［野宿／番外霊場・延命寺前の公園］

遍路ころがしで道を間違え、予期せぬところで予期せぬ人に出会うという前日の体験が尾を引いていた。心身の疲れが抜け切らず、朝、目覚めても身体が重い。さぁ出発といきたいところだが身体が言うことをきかない。

それでももそもそとテントから出て、目と鼻の先の**第六十四番前神寺**《まえがみじ》に向かう。礼拝、納経、絵描き。それから三・二キロメートル戻って**第六十三番吉祥寺**《きちじょうじ》を礼拝、納経、絵描き。そこからさらにまた同じ道を戻る。この往復計六・四キロメートルと二枚の絵描きですでに正午となる。

この日はあと一七キロメートルほど歩いた新居浜《にいはま》市あたりの宿でゆっくりしようと思っていたけれど、電話した宿はどこも予約がいっぱいで断られ続け、さらに先を目指すことになった。新居浜市に差しかかったとき、もう一度数軒の宿に電話してみたけどやっぱりダメ。これも修行と思い直して先を目指す。

途中から気持ちが吹っ切れてきて、こうなったら今日も野宿だと決めた。目的地は、前神寺から数えれば二七・四キロメートル先にある番外霊場・延命寺《えんめいじ》前の公園の東屋。もはや後には引けぬと意地を張って歩くものの、辺りが真っ暗になっても一向に着かない。足の痛さと疲れで自分がひどい顔をして歩いているのが分かる。国道から一本外れた暗く細いアスファルトの道を足を引きずり、バックパックの肩ストラップを手で握って肩の重みを和らげながら歩いた。本当に本当につらい道のりだった。

結局朝のスタートから三二キロメートルを歩き切り、延命寺に到着したときには充実感とか達成感のようなものはもうなかった。そこに寺があり、その前に自分が立っているだけだった。心には何も浮かんでこない。ただ、ひとつの修行を終えたような気分になっていた。疲れや痛みを通り越した何らかの境地だったのかもしれない。

三五キロメートル——僕はどうしてもその区切りを超えられず、今日で一日に僕の歩ける距離をはっきり認識した。健脚な人はたくさんいるし、環境や状況によって歩ける距離は変わるだろうけど、僕は一日に三〇キロメートル前後が限界なのだ。

あの夜、暗い路上に突き続けた杖の音は今でも僕の耳にこびりついている。この先、僕はもう一日に三〇キロメートルを超す距離を歩くことはなかった。

第38日

「もっと行けるんじゃない?」と言われムッとした

愛媛県四国中央市土居町〜四国中央市上分町［旅館泊］

◉一一月八日／歩行距離二一キロメートル／描いた寺　一寺

朝起きて、番外霊場・延命寺《えんめいじ》の本堂と大師堂に納札を入れ、礼拝して後にした。何かのご縁で一晩泊めてもらい、修行させてもらったことへの感謝の気持ちを読経に込めた。

引き続き国道に沿って走る細い路地を歩く。小さな商店の軒先に柿が三個ずつかごに盛られて売られていて、思わずひとかご買い、歩きながら食べた。白衣で皮をゴシゴシこすってから、皮もむかずに齧《かじ》った。水気が多くて甘く、とてもおいしかった。

前日あれほどきつい道程を歩いたにもかかわらず、何となく足が軽く感じるのは不思議だった。歩き遍路後半戦を始めて一〇日目、やっとお遍路足になってきたのかもしれない。とはいえ、アスファルト道が楽になるわけでは決してなく、痛みも残る中で遅い歩みを進めていく。**第六十五番三角寺《さんかくじ》**までは遍路ころがしというほどの山ではないが、標高五〇〇メートル地点までかなりの急勾配を登る。朝から数えて一七・五キロメートル。今日はここまでということにする。到着して礼拝、納経、絵描き。

「今日はどちらまで?」と納経所で訊かれ、いったん山を下りたところにある宿に泊まると答えると、「もっと行けるんじゃない?」と言われ、心の中でムッとしつつ、「今日は刻むことにしました」

と言って納経所を後にした。昨日だいぶ無理をしたのもあるし、自分の身体と相談し、休むときは勇気をもって休む。それでいい。納経所の方も悪気があって言ったのではないのだし、ムキになる自分に対し、修行がまだまだ足りないなぁと思った。

予約した宿には午後四時過ぎに着いた。早速足の水ぶくれの処置をしてから風呂にゆっくり浸かり晩ご飯を頂戴した。野宿の後の宿での食事だからおいしさも格別だ。

明日挑む雲辺寺《うんぺんじ》は難所だけれど、歩行距離は短く刻む。少しでも負担を減らし、体力と足の回復を待ちたい。

Column

番外霊場・延命寺

四国別格二十霊場第十二番札所。奈良時代に行基が開創したとされる。弘法大師が苗を手で植えたという松がある。弘法大師が再度この地を訪ねた時、その松のそばにいた足の不自由な人に千枚通しの霊符を授けて加持すると足が立ったという。それ以来「土居のいざり松」と呼ばれるようになった。本尊は秘仏。

第39日

標高九一〇メートルの雲辺寺を打って讃岐へ

● 一一月九日／歩行距離二三キロメートル／描いた寺 一寺

愛媛県四国中央市上分町～香川県観音寺市粟井町［旅館泊］

泊まったのは古い旅館だったが、食事もおいしく、かなりくつろぐことができた。出発は朝七時。雲辺寺《うんぺんじ》までの道のりは旅館で一緒になったご夫婦と抜きつ抜かれつ進むことになった。夫婦で一緒に歩くというのは素晴らしいことだと思う。僕も数日友人と一緒に歩いたから少し分かるが、体力も歩くスピードも違う中で、お互い配慮し合って同じ道を進むというのはなかなかできることではないだろう。

峠に入る手前に、「しんきん庵・法皇」という名の休憩所があった。地元四国中央市に本店を置く川之江信用金庫の寄付で建設された休憩所だという。今日は土曜日で信金の若い社員たちがボランティアでお接待をしていた。彼らと話しながらコーヒーとお菓子をいただいた。社員の人たちのお接待は温かく、皆さん穏やかないい顔をしていた。

標高九一〇メートルに位置する雲辺寺は、四国お遍路八十八カ寺の中で一番の高所にあり、ロープウェイも運行している。遍路道は曼荼峠《まんだとうげ》道と境目峠《さかいめとうげ》道、それに佐野道の三ルートに分かれていて、僕は旧来の遍路道であり、もっとも距離が短い曼荼峠道を行くことにした。最短コースである一方、草木が多く標高差三四〇メートルの峠を越えるもっとも険しい遍路道とされる。ここまでの道のりで、僕はアスファルトには弱いが山登りには強いという自信がついてきて、急坂なんのそのとひたすら登った。感動的だったのは、峠の途中でついに最終の道場、香川県は讃岐の「涅槃《ねはん》の道場」に入ったことだ。お遍路道はこれから仕上げに入っていくのである。気持ちが引き締まった。

お昼過ぎ、余裕をもって**第六十六番雲辺寺《うんぺんじ》**に到着。礼拝、納経、絵描き。参拝客・観光客が予想外に多いのは、この寺のユニークな縁起物「おたのみなす」の効果のせいだろうか。僕も絵の中に「おたのみなす」ののぼりを入れて、ほのぼのとした一枚が出来た。六六枚目の絵が出来たところで、画帳の三冊目が終了。残すはあと一冊、二二枚を描くのみだ。

雲辺寺に向かって遍路ころがしへGO！

山中の県境

さすが九一〇メートルの標高だ。寺の境内でじっとしていると寒い。あらためて先へと歩を進める。雲辺寺山からは下り坂が続く。夕方四時、山道から人里に戻ってきたというようなところに今日の宿があり、この日の行程が終わった。他のお遍路さんが到着する前に、贅沢に長風呂をして疲れを癒した。無事に難所雲辺寺のアタックも終え、無理しすぎない距離で一日の行程を終えられたことに満足した。

第40日

友人の三度目のお接待

◉一一月一〇日／歩行距離一六キロメートル／描いた寺 三寺

香川県観音寺市粟井町～観音寺市茂木町 ［ビジネスホテル泊］

朝七時に宿を出る。朝から雨。昨日の雲辺寺へのアタック時に降らなくてよかった。カッパを着て出たが、小雨になってすぐに脱ぐ。九時過ぎ、**第六十七番大興寺**《だいこうじ》着。礼拝、納経、絵描き。出来はまずまず。

標高九一〇メートルからの下りのダメージが足にじわじわ効いてきたらしく、すっかり平地に戻った観音寺市内を歩いていて、足の状態が悪いことに気づく。大興寺から次の神恵院《じんねいん》と観音寺《かんのんじ》までの約九キロメートルはまた足の痛みとの闘い。そして道を間違える。三〇分くらいは余計に歩いたろうか。気分が落ちる。遍路足が完成したと喜んではいられない。痛みは完全にはおさまらない。大して歩いていないのに感じる疲れ……。この二日間は足を回復させるために早めに宿に入ってゆっくりし、足に無理をさせなかったのに。

同じ敷地にある**第六十八番神恵院**《じんねいん》と**第六十九番観音寺**《かんのんじ》に到着。礼拝、納経、絵描き。一境内で二寺の御朱印をいただけるのは何だか得した気分だったけど、一寺描き終えたらすぐまた描き始めなきゃいけない。結局約二時間描き続けたようなものだ。かなり疲れた。二枚とも、出来上がった絵に苦しい部分が見える。

この日はここまでにした。この旅三度目の香川の友人による陣中見舞いがあったからだ。彼の家はここから程近い三豊《みとよ》市仁尾《にお》町で、この辺りはいわば地元なのだ。彼はお薦めのうまい讃岐うどんの店へ車で連れて行ってくれた。そして観音寺に隣接する琴弾《ことひき》公園のそばの温泉に一緒に浸かった。さらにその後、彼の家まで行ってお遍路のお先達でもある彼のお母さんにご挨拶した後、お母さんに送ってもらって観音寺市内に行き酒を飲んだ。名物の骨付き鳥を食べる。遠くにいる友とこうして酒をくみ交わせるとはなんと贅沢なことだろう。お遍路話も富良野での農作業ヘルパーでの思い出話もたくさんできて本当に楽しかった。

これまで危機のたびに現れては助けてくれた彼。「お接待や。安宿やけどな」と言って、この夜はなんと彼が予約しお金まで払ってくれた観音寺市内のお遍路道沿いの宿へタクシーで送ってくれる。彼はそのまま帰っていった。何と言ったらいいだろう。僕は彼からお接待の心を教わっている。なのに、僕は彼に何もできない。彼が教えてくれたものを僕自身はこれからどう生かしていけばいいのだろう。僕のように心の狭い人間が……。酔った頭で考えながら、ベッドに横になった。

最後の一国へ

第41日

コーヒーを飲み温泉に入って気を引き締める

◉一一月一一日／歩行距離一四キロメートル／描いた寺 二寺

香川県観音寺市茂木町～三豊市三野町［野宿／道の駅・ふれあいパークみの］

前夜は久々に酔っぱらって寝た。また、前日歩いた距離も少なかったおかげで朝起きてみると足の調子もよかった。この日、朝八時出発はやや遅かったけど、観音寺から**第七十番本山寺《もとやまじ》**まで気持ちのいい河原道四・五キロメートルを約一時間半かけて歩いた。納経、礼拝、絵描き。絵描きでは集中力をやや欠く。たまった疲れのせいなのか、気力が今一つという感じ。

本山寺の礼拝、納経、絵描きを終わらせた後、**第七十一番弥谷寺《いやだにじ》**までは一一キロメートルちょっとの道のり。町歩きのアスファルト道が続くが、これがまたとても長い。標高三八二メートルの弥谷山の中腹にある弥谷寺まで麓からはずっと上り坂で、仁王門が見え、着いたかと思いきや、そこからさらにまた階段である。本堂までが実に遠い。ようやく着いて礼拝、納経、絵描き。

野宿お遍路にとっては実にありがたいことに、弥谷寺の参道の入口そばにちょうどよく温泉施設が併設された「道の駅・ふれあいパークみの」があり、弥谷寺を打ち終えたところで一日を終わらせることにした。本当は七十二番と七十三番も今日中に打つつもりだったが、体力をセーブするため自重した。まだ明るかったので、道の駅内でゆっくりコーヒーを飲み、この先の予定を組み直した。

これまでのお遍路の行程でゆっくりコーヒーを飲むなんてことは一度もなかった。お金の節約と

御朱印

第**65**番札所

由霊山《ゆれいざん》 慈尊院《じそんいん》 三角寺《さんかくじ》

天平年間に聖武天皇の勅願により行基が開創。天正年間に長宗我部の兵火で堂宇を焼失、その後再建。子授け祈願で人気の寺で、子宝に恵まれない人は庫裏の入口でしゃもじをもらい、家に持ち帰り実際に使用して祈願するといいという。

御朱印

第66番札所

巨鼇山《きょごうざん》 千手院《せんじゅいん》　雲辺寺《うんぺんじ》

香川・讃岐の関所寺。八十八カ所のうち最も高所（910m）にある。延暦年間に弘法大師が開創。ブロンズ製の茄子の形の腰かけ「おたのみなす」があり、「茄子の花は全て実を付ける」ところにかけ、座って願をかけると成就するという。

御朱印

第**67**番札所

小松尾山《こまつおざん》 不動光院《ふどうこういん》　大興寺《だいこうじ》

弘仁年間に嵯峨天皇の勅命により弘法大師が開基。修行道場として栄え、最盛期には真言宗24坊、天台宗12坊が境内に存し、今でも本堂の左右に真言と天台の大師堂が並ぶ。仁王門の金剛力士像は鎌倉時代、運慶の作と寺伝にある。

御朱印

第68番札所

七宝山《しっぽうざん》　神恵院《じんねいん》

一つの境内に二つの札所寺院があるのは四国霊場唯一。境内の納経所では観音寺の納経も一緒に出来る。大宝年間に日証上人が琴弾山山頂に琴弾八幡を開いたのが開基。宝物館には釈迦涅槃像をはじめ、国の重要文化財を数多く安置。

御朱印

第**69**番札所

七宝山《しっぽうざん》 観音寺《かんのんじ》

神恵院と同じく、大宝年間に日証上人により琴弾八幡宮の神宮寺として開基。大同年間には唐から帰国して間もない弘法大師が訪れ、そのまま第7代住職になっている。本堂は室町時代初期の建築とされていて、国の重要文化財。

御朱印

第**70**番札所

七宝山《しっぽうざん》 持宝院《じほういん》　本山寺《もとやまじ》

大同2年（807年）平城天皇の勅願により弘法大師が開創。「一夜建立」とされる。八十八カ所唯一馬頭観音を本尊とする。長宗我部の兵火を免れた数少ない寺院のひとつで、国宝の本堂（鎌倉時代に再建）ほか重要文化財の多い貴重な寺。

御朱印

第**71**番札所

剣五山《けんござん》 千手院《せんじゅいん》　弥谷寺《いやだにじ》

弥谷山山中にあり急勾配の石段がお遍路泣かせ。天平年間に聖武天皇の勅願により行基が開創。大師が幼名「真魚《まお》」だった7歳の頃にこの山で苦行。大師堂の奥に「獅子之岩屋」と呼ばれる大師が学問に励んだ岩窟がある。

御朱印

第**72**番札所

我拝師山《がはいしざん》 延命院《えんめいいん》　曼荼羅寺《まんだらじ》

弘法大師の先祖・佐伯家の氏寺として推古4年（596年）開創の古刹。唐から帰国した大師が亡き母のために青龍寺を模して伽藍を建て、大日如来を刻んで本尊とした。平安末期、西行法師も諸国行脚中に訪れ、休息したという。

御朱印

第**73**番札所

我拝師山《がはいしざん》 求聞持院《ぐもんじいん》　出釈迦寺《しゅっしゃかじ》

7歳の弘法大師は救世の大誓願を立てようと、釈迦如来に願いを託し我拝師山山頂から身を投げる。それを釈迦如来が雲上で抱きとめた。大師は感激し、建てた堂宇がこの寺。山頂には奥の院が作られ、「捨身《しゃしん》ヶ《が》嶽禅定《たけぜんじょう》」と呼ばれる。

御朱印

第**74**番札所

医王山《いおうざん》 多宝院《たほういん》　甲山寺《こうやまじ》

甲山の周辺は大師が幼少期を過ごした故郷。弘仁年間、朝廷から決壊した満濃池の修築の勅令を受けた大師は、難工事をわずか3カ月で終えた。工事の無事を祈願して刻んだ薬師如来を本尊に、報奨金を使って建立したのがこの寺の由来。

御朱印

第75番札所

五岳山《ごがくざん》 誕生院《たんじょういん》　善通寺《ぜんつうじ》

弘法大師生誕の地で真言宗善通寺派の総本山にして高野山、東寺とともに大師三大霊場のひとつ。寺号は大師の父の名「善通」から。本堂は「金堂」、大師堂は「御影堂《みえいどう》」と称し、御影堂の地下には真っ暗闇を壁伝いに廻る「戒壇廻り」がある。

御朱印

第**76**番札所

鶏足山《けいそくざん》 宝幢院《ほうどういん》　金倉寺《こんぞうじ》

天台宗寺門派の寺で、智証大師円珍の生誕地。智証大師は弘法大師の姪を母に持つ。この寺は智証大師の祖父・和気道善が開基。度重なる兵火で焼失、永らく荒廃。明治時代に乃《の》木《ぎ》希典《まれすけ》将軍が約3年間この寺の客殿を仮住居にしていた。

御朱印

第77番札所

桑多山《そうたざん》 明王院《みょうおういん》　道隆寺《どうりゅうじ》

この一帯を荘園として治めていた和気道隆による開基。道隆の子・朝祐が唐から帰国した弘法大師に師事、大師が薬師如来を刻み、道隆の薬師像をその胎内に収め本尊とした。「眼治し薬師」として有名で、全国から祈願者が集う。

御朱印

第**78**番札所

仏光山《ぶっこうざん》 広徳院《こうとくいん》　郷照寺《ごうしょうじ》

四国霊場唯一の時宗の寺。神亀年間に行基が開創。当時は真言宗で「道場寺」と号した。正応元年（1288年）に一遍上人が逗留して布教活動を進め、時宗に改宗し今の寺号に。本堂の奈良様式の屋根の造りは札所の中でも珍しい。

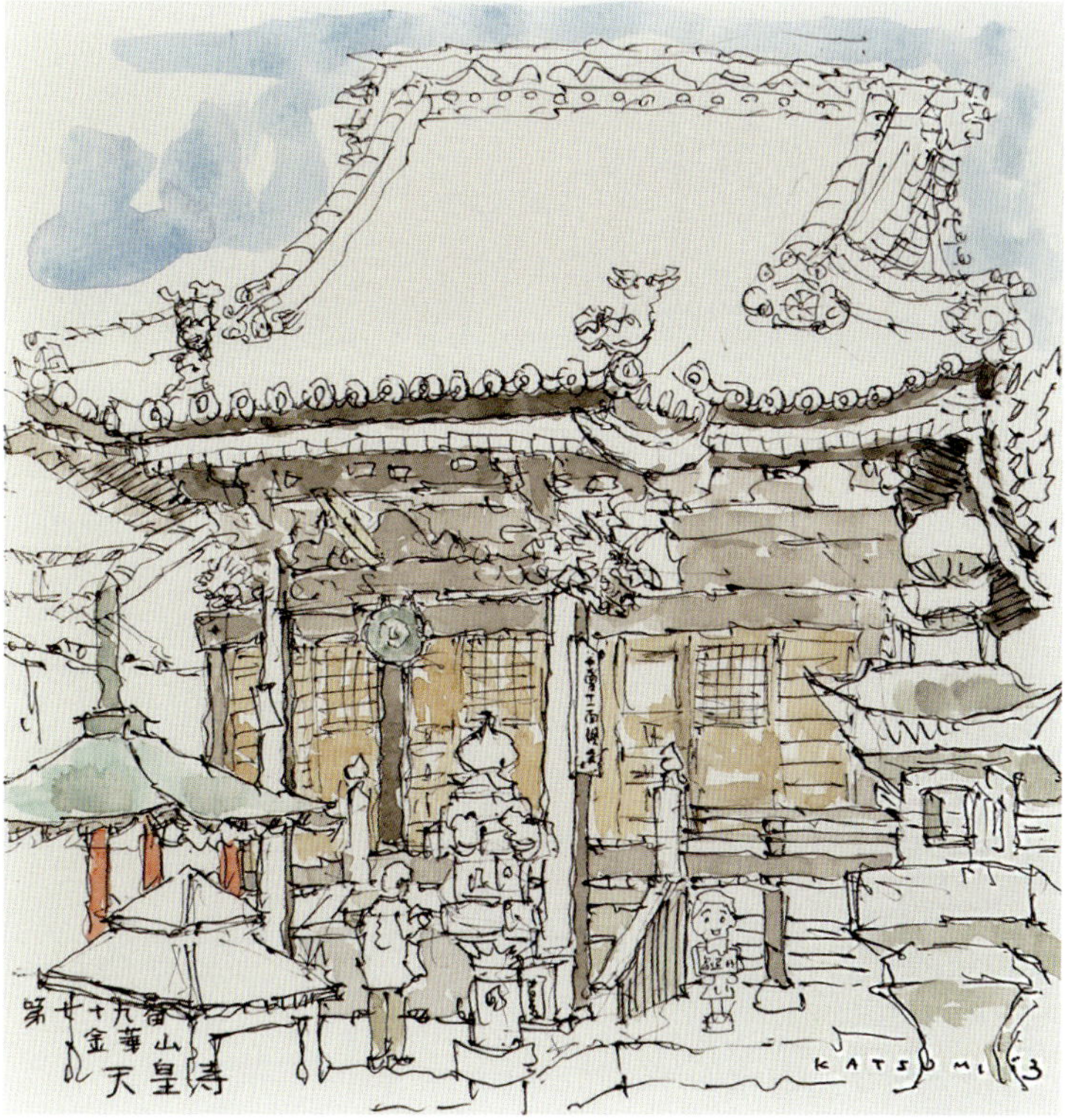

第79番札所

金華山《きんかざん》 高照院《こうしょういん》　天皇寺《てんのうじ》

保元の乱に敗れ讃岐に配流された崇徳上皇が崩御。上皇の柩を安置したこの地に崇徳天皇社が建立され、ここが神宮寺となり、その所縁から「天皇寺」と呼ばれるようになった。明治の神仏分離により、本尊を末寺であった高照院に遷座。

御朱印

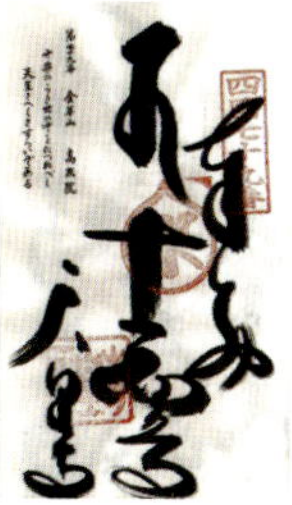

御朱印

第80番札所

白牛山《はくぎゅうざん》 千手院《せんじゅいん》　国分寺《こくぶんじ》

天平13年（741年）聖武天皇の勅願により全国に建立された国分寺の一つ。長宗我部の兵火に遭い、本堂と鐘楼を残し焼失。本堂は鎌倉中期の建設で、重要文化財。梵鐘は天平年間の創建当時に鋳造されたという四国最古級でこちらも重要文化財。

か時間の短縮を意識して駆け足で四国を廻ってきたためだ。第一期区切りの時に、第二期は無理せずもっとゆとりを持って楽しいお遍路をしようと思っていたが、結局体力も時間もぎりぎりのプランで進んできた。のんびりしている時間やお金の余裕がなかったということもあるけど、どちらかというと、自分で自分を律していた側面が強かったように思う。ゆとりを持って楽しくお遍路を続けていたら、僕はとっくにリタイヤしていたような気がする。それくらい気を引き締めておかないときつさをこらえきれないのだ。僕はせっかちで体育会系のお遍路だ。お寺も風景も文化も、そんなに味わっていないかもしれない。でも、それでいいと思う。僕は結局こんな歩み方しかできないのだ。だからこそ、たまのくつろいだコーヒーが殊の外うまいのである。

その後、温泉に入り、テント泊。野宿をすることで、また自分の気が引き締まる。もうこのお遍路は、終わりが迫ってきている。いい形でお遍路を締めくくらなければいけないのだ。

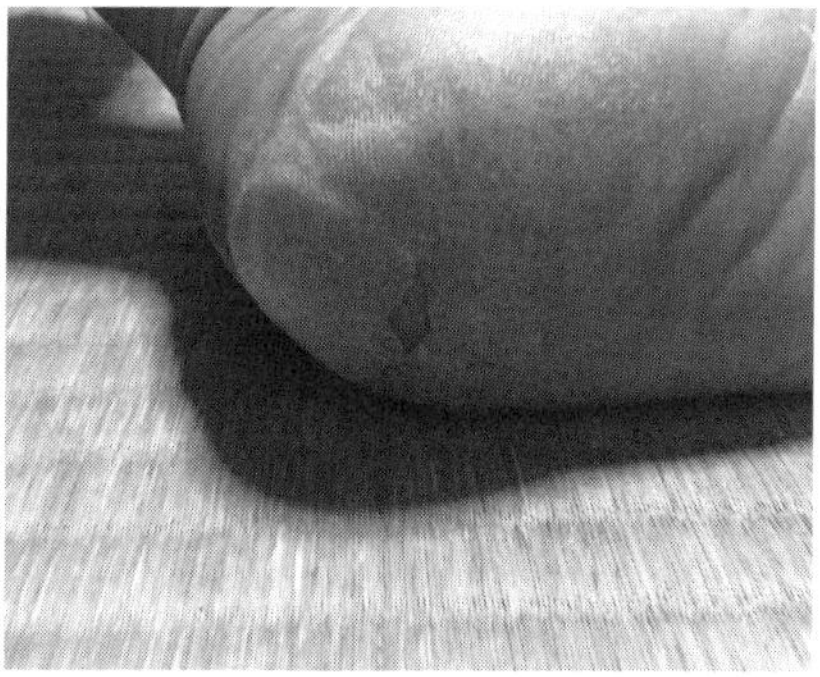

水ぶくれが広がった踵。水を抜いて皮が固まりほぼ回復

第42日

四寺を描き切り善通寺へ

◉一一月一二日／歩行距離一三・五キロメートル／描いた寺 四寺

香川県三豊市三野町〜善通寺市善通寺町［宿坊泊／第七十五番・善通寺］

かなり冷えた朝だったが、五時半に目を覚まし、支度をして暗いうちに出立。旅の終わりが迫っている。そのことを自分の中で再確認し、気合いを入れ直した。

三・五キロメートル歩いて**第七十二番曼荼羅寺**《まんだらじ》着。礼拝、納経、絵描き。次の**第七十三番出釈迦寺**《しゅっしゃかじ》までは坂の小道をさらに六〇〇メートル上る。礼拝、納経、絵描き。この夜は晩に**第七十五番善通寺**《ぜんつうじ》の宿坊をすでに予約していた。善通寺は真言宗善通寺派の総本山で弘法大師が自ら建立した真言宗発祥の根本道場だ。ここが讃岐「涅槃《ねはん》の道場」の、また、お遍路八十八カ所の大きなハイライト。この霊験あらたかなお寺の宿坊に泊まり、朝の勤行に参加するのだ。しかも宿坊の大浴場は「大師の湯温泉」というれっきとした温泉だという。ここに泊まらない手はない。

しかし、善通寺での宿泊をこの日のゴールと考えるとさすがに早く着きすぎて時間と体力を余してしまうので、出釈迦寺のあと、善通寺のひとつ先、**第七十六番金倉寺**《こんぞうじ》へ向かう。五キロメートル弱歩いて正午に到着し、礼拝、納経、絵描き。気力体力ともにまだまだ余裕がある。金倉寺から**第七十四番甲山寺**《こうやまじ》へ三キロメートル弱を打ち戻る。途中、手早くコンビニで昼食。甲山寺到着後、礼拝、納経、絵描き。絵描きも四寺目にもなってくるとだいぶ疲れが出てくるが、根性で描き切る。とにかく描く。気力の充実こそが大いなる原動力。

甲山寺で絵を描いている最中、外国人の女性と目が合い、話しかけられる。オーストラリア人の女性で、興味を持って絵を見てくれた。彼女も善通寺の宿坊に泊まる予定とのことなので、後でまた会おうと言って別れた。

絵を描き終わり、一・六キロメートル歩いて善通寺に到着。境内は広大で、敷地内には東の「東院」と西の「西院」というエリアを分けるように一般の道路が走る。この善通寺市はまさに町と寺が一体になっている壮大な信仰の地である。漂う雰囲気も規模も他とは一線を画している。勢いのままに五寺目の絵描きに挑むも、二二分を過ぎたところで日没のため下描きをストップ。それでも、気力十分だったこの日一日を振り返り満足した。

甲山寺で出会ったオーストラリア人女性とは食堂で向かい合わせの席になり（予約客の名札が置いてあって席は決められていた）、話が弾んでお酒を買って注ぎ合ったりした。とても打ち解けた雰囲気になり、和やかな場となった。

食後、温泉に浸かって部屋に戻ると、ドアのノブに柿が入った袋がかかっていて、彼女から「どうぞ！」とメモがあった。うれしくて部屋ですぐにひとつ齧《かじ》った。

早朝の勤行から始まる明日は、今日のように三寺、あわよくば四寺まで行きたい。さて、どこまで行けるだろう。

第43日

時速六キロのオーストラリア人女性とともに

◉ 一一月一三日／歩行距離一六・六キロメートル／描いた寺 二寺

香川県善通寺市善通寺町～綾歌郡宇多津町［野宿／宇多津中央公園］

朝六時、シンと冷えた静かな善通寺《ぜんつうじ》の御影堂《みえいどう》にて、朝の勤行が始まる。何人もの僧侶が集い、読経が響く。第三十七番岩本寺《いわもとじ》、第五十八番仙遊寺《せんゆうじ》と宿坊での朝の勤行はこれまで二回経験したが、善通寺のそれは迫力が違った。これが総本山のスケールか。

読経後の法話で「仏教の宗派はいくつかあるんですが、この真言宗だけは不思議なことが、起こるんですなぁ」と僧侶が言った。僕もそう思う。この四国詣での中で数々の不思議なことがあった。第33日目、あのリタイヤ寸前で友からメールがきたことは奇跡のタイミングとさえ思える。第36日目の山中で遭難しかけた一件もいまだに不思議だ。そうした「不思議」の後にいつもお大師様の存在が思い出された。僧侶は、そうした不思議はお大師様がお導きによって結んでくれた仏縁であり、その「縁」をこれからも大事に歩んでいってくださいと話を結んだ。

法話の後、参加者は御影堂の地下に案内された。「戒壇廻《かいだんめぐ》り」である。突然手探りするほどの真っ暗闇に追いやられ、突き放されたような気分になった。不安の中、「お大師様」「南無大師遍照金剛《なむだいしへんじょうこんごう》」と口にしながら壁伝いにそろりそろりと歩く。これが精神修養なのだ。八九メートルを歩くとほのかな灯りが見えてきて、安堵してたどり着いたところにお大師様の祭壇がある。そここそが大師生誕の地なのだ。お大師様に帰依することで不安が解けていく神妙ないざないを味わった。

その後、宝物殿の見学もさせてもらい、朝食をいただいて出立したのは午前八時。まずは前日の続きの残り三八分で善通寺の絵を仕上げた。オーストラリア人の彼女が待っていてくれたので、一緒に七十六番までの三・八キロメートルを話しながら歩く。

僕は前日のうちに礼拝、納経、絵描きまで済ませていたので、いったん彼女とは別れ、「目治し」で有名な**第七十七番道隆寺《どうりゅうじ》**へ三・九キロメートル歩く。礼拝、納経、絵描き。描いている間に彼女が追いつき、絵を描いている僕を待っていてくれて、一緒に次へ向かう。昼食はモスバーガーを一緒に食べる。

彼女と一緒に回っていて驚いたのはその歩く速さで、荷物は僕と同じくらい大きくて二〇キロ近くはあるというのに、両手にウォーキング用のポールを持ってスタスタ歩く。最も歩いた日は夜明け前の早朝から頭にヘッドライトを付けて出発し、日暮れまで五〇キロメートルも歩いたという。これまでの平均歩行速度は何と時速六キロメートルだという。まったくありえない。僕の倍近い。すごすぎる。確かに一緒に歩いていると、僕はオーバーペースになるし、彼女が自分の速度に合わせている様子もはっきりしてきて、これ以上一緒に歩いても僕のペースは下がる一方だから先に行ってもらおうと決めた。

丸亀市を通る町歩きの七・二キロメートルをともに歩き、**第七十八番郷照寺《ごうしょうじ》**に着き、礼拝、納経を終え、自分がこれから絵描きをするという時点で「先に行って」と切り出した。こういう別れって難しい。彼女は待つ気もありそうに見えたけど、別れたほうがお互いいいだろうと彼女の背中を押した。彼女が行ってしまった後、僕は絵を描きながら一抹の寂しさを感じつつ、また一方で少し安心もした。僕はいつもこうだ。寂しさを感じるのに、どうして一人になりたがるんだろう。

結局僕は、絵を描き終えた後、次の寺を目指すのは無理だと判断し、遍路道から外れたところにある温泉まで浸かりに行ってから、そばの公園にテントを張った。

夜、彼女から、「明日誕生日って言ってたでしょう？ 明日の夜どこかで待ち合わせしてカラオケでも行かない？」とメールがきた。誕生日？ そんなことまで話したっけ。でも、このお遍路道は絵の修行道、せっかくだけど、とやんわりと断ってしまった。その後も先々の道のりの案内などをメールで送ってくれた優しい彼女だったけれど、自然とメールも途絶えた。

彼女と歩いた道のりと一人でテントに泊まる自分を振り返りつつ、ため息をついて目を閉じた。

第44日

最も孤独を感じた野宿

◉一一月一四日／歩行距離二二キロメートル／描いた寺 三寺

香川県綾歌郡宇多津町〜坂出市高屋町［野宿／白峰パークセンター］

三八歳になった。それなりによく生きてきたもんだと思うし、生かされてもきたと思う。たかだか三八年でも、たくさん躓《つまず》き、あわやという目にも遭ってきた。いつどんなことが人生に起こるかは誰にも分からない。まさか僕が絵描きになっているとは僕も想像すらしなかった。

どんな人も生き抜いていくことは容易《たやす》いことではない。でも僕は幸運にも三八歳まで生きてこられて、今、この時間、お遍路をし、野宿をし、絵を描いている。そのことを感謝しなくてはいけないと思った。

昨夜の野宿スポットは遍路道から外れたところにある温泉施設のそばの公園だったので、もしかしたら誰かに咎《とが》められるんじゃないかと心配していた。何も言われず無事一晩を過ごせたのでひと安心。コンビニで朝食を買って店の前で腹ごしらえ。

再びお遍路道に戻って六キロメートルで**第七十九番天皇寺《てんのうじ》**到着。礼拝、納経、絵描き。天皇寺から八十番へ向かう道のりで、柔和な笑顔を湛えた外国人の初老の男性お遍路と出会う。米国人の歴史学者で、台湾で講師をしているというその人と八十番までの道のりを一緒に歩いた。歩くスピードも近く、お互いペラペラ話すわけではないのだけど和やかに話せて楽しかった。

第八十番国分寺《こくぶんじ》到着。境内にミニ八十八カ所があったので一番から見ていく。こうやって振り返ると、結構たくさん参ってきたよなぁとしみじみ感じる。描いた絵だってもう八〇枚になるのだと思うと感慨深い。礼拝、納経、絵描き。

学者の男性は八十番でひとまず区切って帰るとのこと。お別れを言って、僕は八十一番へ向かう。**第八十一番白峯寺《しろみねじ》**への道のりは山を登ること六・五キロメートル。転がされるほどの遍路道ではないが、大汗をかいた。例によって途中道を間違えてしまったが、なんとか無事に到着。礼拝、納経、絵描き。久々に山門を入れた絵を描いた。

お寺に程近いかんぽの宿で日帰り入浴して汗を流した後、ちょっと下って「白峰パークセンター」にテントを張る。山の高いところにある小さなパーキングエリアだが、閉鎖しているのかひと気がない。日も沈み、雨が降ってくる。誰もいなくて寒い。ちょっと薄気味悪い。この日野宿した場所は白峰山。日本三大怨霊のうちのひとりとされる崇徳《すとく》天皇の御陵がある山だ。これまでもずいぶん野宿はしてきたはずだけど、いつもとは異なる心細さがあり、何か彷徨《さまよ》うものがあるのだろうかと勘ぐってしまうほどだった。

深夜に雨脚が強くなったらしい。雨垂れがテントを打つ。その音が気になって、何度も目を覚ました。その夜は、この旅で最も孤独を感じたかもしれないと思えるくらい寂しかった。人と一緒に過ごした時間のあと、一人に戻ると寂寥感に襲われる。僕は一人でいたいのか、それとも人と一緒にいたいのだろうか。まどろみの中で堂々巡りが続いていた。

Column

崇徳天皇

祖父・白河天皇、父・鳥羽天皇。保元の乱で弟の後白河天皇に敗北、讃岐に配流される。そこで戦死者の供養と反省の証として写経をし、都に送るも、呪詛が込められているのではと疑われ奉納を拒否され送り返される。そのことに激怒し、舌をかみ切り、その血で国を呪うことを記して死んだ。その後天狗になったという説が残る。日本三大怨霊はほかに菅原道真、平将門。崇徳天皇の陵は白峯寺に隣接する白峯陵。

第45日

本場の讃岐うどんはうまい

◉一一月一五日／歩行距離二三キロメートル／描いた寺一寺

香川県坂出市高屋町〜高松市亀井町［ビジネスホテル泊］

いつのまにか雨が上がり、無事夜が明けた。

いろいろ迷うことが多いけれど、とにかく前向きに歩んでいこうと気持ちを新たにする。

六時にテントをかたづける。水分を含んだテントは重たい。六時半には昨夜温泉に浸かったかんぽの宿に再び行って、七時からの朝食にありつく。白峰山の山頂に上がってきたが、食べるものを用意してこなかったからここで食べるしかなかった。バイキング形式の宿の朝食は贅沢だった。でもたくさん食べることが出来て元気が出た。

霧雨で景色が煙る中、讃岐・五色台の連峰を尾根伝いに渡る。五人グループの中高年欧米人のお遍路さんたちとすれ違う。小雨のなか皆ポンチョを着ていた。外国人のお遍路もよく出会うなぁと感じつつ、笑顔で挨拶を交わした。

八十二番までは五キロメートルばかりと大した距離ではなく、山道の遍路道も整備されていて歩きやすい。**第八十二番根香寺《ねごろじ》**到着。かつてこの山には「牛鬼《うしおに》」と呼ばれる怪物が住んで人々を困らせていたため、殿様が弓の名人・山田蔵人高清に命じて退治させた。その牛鬼の絵の愛らしい手ぬぐいを購入。遍路寺でたまに目を引くものを見つけるとつい買ってしまう。

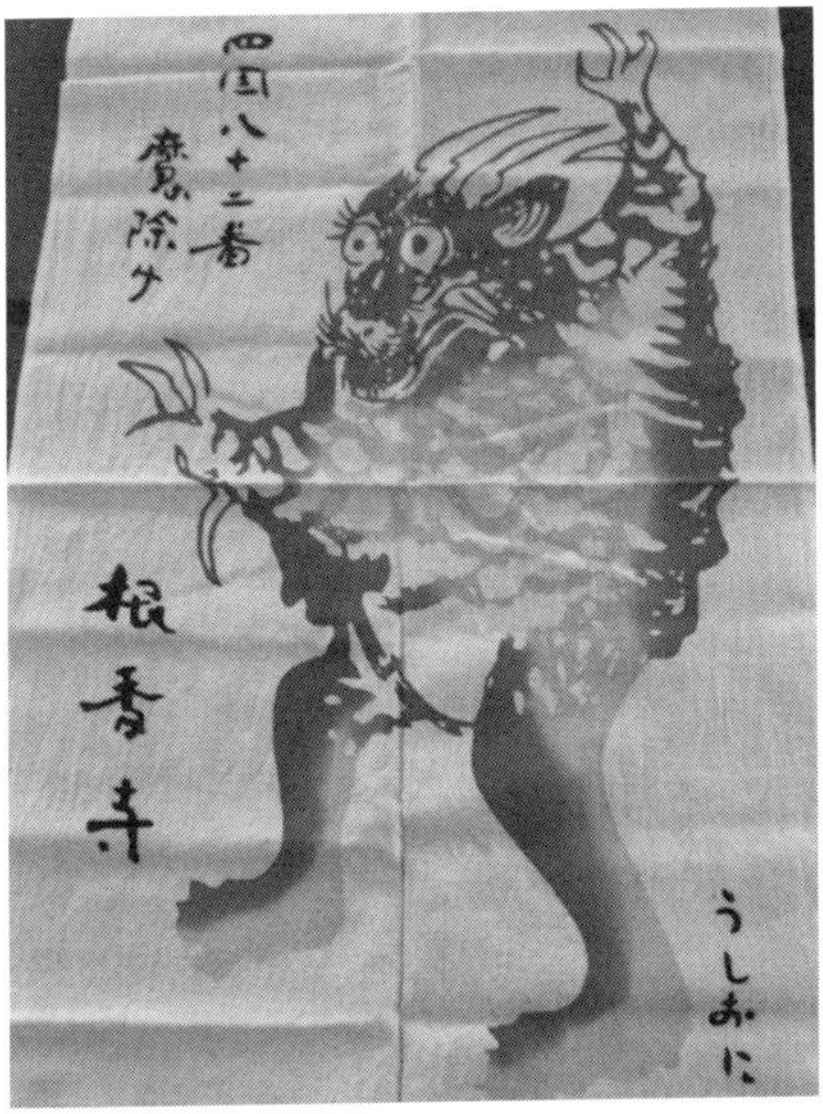

牛鬼（うしおに）

礼拝、納経、絵描き。本堂に入る前に通る回廊には全国の信者から奉納された三万三〇〇〇体の万体観音が並び、神妙な空気が漲《みなぎ》る。絵は、印象的だった六角堂の延命地蔵尊を描いた。

山を下り、一四・九キロメートルの長い道のりを歩く。朝からバテたけれど足の調子は良く、きつい道のりも割とスイスイ歩けた。昼はうどんをする。さすが香川、本場の讃岐うどんはうまい。安くてうまくて気軽に入れてくつろげるうどん屋の存在は、本当にありがたい。

午後三時、**第八十三番一宮寺《いちのみやじ》**到着。途中で和歌山の女性と行程が重なり、言葉を交わした。何と御年七七歳。その歳で歩き遍路をしていることがとても信じられない。気力体力ともにすごい。なぜお遍路をするのかは聞かなかったけど、人生の晩年になってお遍路をするのは素晴らしいことだと思う。僕もいつか人生を振り返りながらまたこの遍路道を歩きたいもんだと思った。

午後四時に一宮寺を出発して、高松市内中心部まで歩いてその日は終わり。ビジネスホテル泊。そしてまず洗濯。せっかく高松市の中心部に来たのだから市内をぶらぶらしてみたかったが、テレビを見たりしているうちに夜も更けてしまった。

第46日

お大師様の勧善懲悪ぶりに恐れ入る

◉一一月一六日／歩行距離二二キロメートル／描いた寺二寺

香川県高松市亀井町〜さぬき市志度［旅館泊］

高松市のビジネスホテルでゆっくりと朝食を食べる。宿泊客と一緒にいると、束の間だが自分がお遍路であることを忘れる。前夜は日付が変わる時間までテレビを見ていて、朝の動き出し鈍し。ホテルのある高松市内から歩き、**第八十四番屋島寺《やしまじ》**までは七・五キロメートル。寺は屋島の山上にあり、最後の二キロメートルは急勾配の山登り。登る途中にある番外霊場「食わずの梨」にはこんな逸話がある。お大師様が屋島寺に向かう途中、梨がおいしそうに実っていたのでひとつ所望した。しかし農夫は、「うまそうに見えてもこれは食べられない食わずの梨だ」と嘘を言って断った。以後、この梨は本当に石のように食べられなくなってしまったという。これまでも見聞きしてきたが、お大師様の勧善懲悪ぶりは大したもので、不寛容な者に対しては手厳しく報いる。結構怖い人だよなと思う。

平安後期の源平の激戦「屋島の戦い」が起きた舞台がこの地である。山頂から眺めれば志度《しど》湾と瀬戸内海が晴れ空の下に輝き、素晴らしい見晴らしだ。境内では出会った人同士が穏やかに挨拶を交わす。四国が、日本が、そしてこのお遍路が、いいと思える瞬間だ。礼拝、納経、絵描き。ジェットストリームの0・7㎜がインク切れを起こし、「ここに来てかよ」と思う。

登りよりも警戒すべき下りの遍路道。斜面がかなり急で足元を滑らせる危険性が高い。杖を使ってそろりそろりと歩く。この辺りにはイノシシが頻出するようで、警告する看板が多いのも怖い。無事下り切ってから、0・7㎜のジェットストリームを手に入れるべく遍路道を外れてコンビニ探し。見つけたファミリーマートでまったく同じペンを発見する。そんなにうまく見つからないと思っていただけに驚いた。これもお大師様のお導きだろうか。感謝感謝。

遍路道に戻り、五剣山《ごけんざん》の中腹に位置する**第八十五番八栗寺《やくりじ》**へまた山登り。途中、友人から電話。「いつ帰ってくるの？」と言うので、「もうすぐだよ」と答える。「頑張ってね」。電話の向こうは北海道富良野。何となくうれしい。八栗寺への上りは山麓からケーブルカーも運行するくらいの急坂で、屋島寺に行くまでにかいた大汗がせっかくひいたのに、汗がまた噴き出る。息を切らせて到着。礼拝、納経、絵描き。御朱印帳も残すところあとわずか。スケッチブックも同様だ。そう思うと、この厳しい山登りもどこかいとおしく感じられる。

瀬戸内の海を眺めながら、さらに六・五キロメートル歩き、平賀源内のふるさと・志度の町並みを抜けて**第八十六番志度寺《しどじ》**到着。礼拝、納経、絵描き。絵のほうは三〇分の下描きを終えたところで日没になり、着彩は翌日に回す。宿に荷物を

屋島寺からの素晴らしい眺め

置いて町なかに出て、ファミリーレストランに入る。お遍路で初めて入るファミレス。ゆっくり日記を付け、ものすごくくつろぐ。

晩、宿に戻って気持ちと身体を整える。ついに明日、八十八番結願《けちがん》へ。

第47日

（結願）ゴールに立ちふさがる究極の遍路ころがし

◉一一月一七日／歩行距離二〇キロメートル／描いた寺二寺

香川県さぬき市志度～さぬき市多和［野宿／大窪寺前の東屋］

安さで選んだ志度《しど》の小さな旅館は、清潔で居心地がよかった。朝食も素朴ながらとてもおいしく、結願《けちがん》前にコンディションを整えられた。見送ってくれた宿のご主人に感謝しながら朝八時前に出立。まずは志度寺の絵の着彩から。昨日下描きまでしてあったので、余裕をもって仕上げることができた。

第八十七番長尾寺《ながおじ》まではまったく問題なく七キロメートルのアスファルト道を歩く。足の調子もよく、到着後、礼拝、納経、絵描き。絵の出来もまずまずだ。

昼、香川県の友人が四度目の陣中見舞いに来訪。遍路道からすぐそばにあるラーメン屋に一緒に入り、またもお接待してもらう。ミカンも買ってきてくれた。無骨な彼だが、いつも僕の旅を見守ってくれている存在だった。やはり彼はお大

お大師様の化身、香川の友

師様に違いない。でも、お遍路で彼に会うのもきっとこれが最後だ。握手を交わした後、見送ってくれる彼に手を振る。「本当にありがとう！」

そこから八十八番へと向かう。徐々に鄙《ひな》びていく一〇キロメートルの道のり。結願《けちがん》の寺への道には何があるんだ、いったいこれから何が起こるんだと、静かな興奮をひとり胸に秘めながら一歩ずつ踏みしめる。四キロメートルほどで分岐点となった。多和《たわ》小学校経由の丁石道《ちょういしみち》ルート（丁石とはお寺までの距離を示す石）が旧遍路道で、もうひとつの女体山《にょたいざん》ルートは未舗装の登山道を登って女体山の山頂を越え、大窪寺《おおくぼじ》の奥の院である番外霊場・胎蔵峰《たいぞうみね》を経由して下るハードなルート。僕はこれま

女体山遍路道へ

登り切った女体山からの眺め

で通り、ハードでも距離が短いほうを選択することにし、女体山登りへと向かう。

数々の遍路ころがしを経て、もはや恐れるものはないとの自負はあった。だから、最後の最後に多少ころがされたって大したことはなかろうと高をくくっていた。ところが、この最後の遍路道でこれまでの遍路ころがしを凌駕する険しさを味わうことになった。疲れもあっただろう。内心ではここが最もハードであってくれと願っていた面もある。それにしても、実際の女体山越えは予想以上の険しさだった。

「マジでこれが道かよ」と思うような岩場の道。岩場には鉄の「掴み手」が埋め込まれている。すなわち、「これを掴んで上へ登れ」というわけだ。「まったく、もう……」と思いながら、無我夢中で岩場をよじ登る。岩をよじ登るなんて道は、これまでのどの遍路ころがしにもなかった。これが本当に正しい遍路道なのかと疑いたくなるような道なき道。二〇キロ近いバックパックを背負いながら金剛杖《こんごうづえ》を片手に、汗まみれで岩にしがみつく。これもお大師様の試練なら、乗り越えてやるぜと思った。そうして乗り越えたら、遥かに山々を見晴るかす展望が開けた。息を整え、景色を見渡す。ぞんぶんに空気を吸い込む。いい気持ちだ。ついに乗り越えた。

腰を下ろし、香川の友人が持たせてくれたミカンを口に入れる。爽やかな甘さに緊張がほどける。一息ついたところで、あらためて矢印に従って「大窪寺」方向へ下る。道の木々の枝には「結願」と札がかかっている。まさしくお遍路八十八カ所を打ち終わり、修行の完了を告げる札だ。ここでしか見られない札。それらの札をくぐり抜けるようにして下り、木々の間からついに大窪寺の堂宇の屋根が見えた。明鏡止水。興奮もせず、落ち着いた心境だ。

小さな祠の横に延びる石段を下りると、すでに大窪寺の境内に入っていた。到着した。**第八十八番大窪寺《おおくぼじ》**。徳島の第一番札所・霊山寺《りょうぜんじ》を出発してから四七日目。ついにゴールにたどり着いた。

参拝客でにぎわう境内を足を引きずりながら本堂を目指す。読経がしたかった。僕は頭の中を空っぽにして、本堂、大師堂でお経を朗々と読み上げた。そして、納経所に行き「結願寺 大窪寺」の御朱印を捺《お》してもらった。「これで納経帳が埋まった」。僕だけが感じることのできる僕の納経帳の重みだ。

ここだけにしかない結願の札

今は誰とも関わらないでいい――そう思いながら寺の前の東屋にテントを張る。これが最後の、究極のお遍路野宿だ。明朝目を覚ましてから万感の思いを込めて一時間、最後の寺の絵を描こう。

そして、結願のお礼参り、第一番霊山寺に行って最後の仕上げを行おう。

第48日

香川から徳島へ——お遍路最後の夜

◉一一月一八日／歩行距離二九・八キロメートル／描いた寺　一寺

香川県さぬき市多和〜徳島県板野郡上板町［宿坊泊／第六番・安楽寺］

〈結願《けちがん》〉の日の野宿は、トイレで顔を洗い、懐中電灯で日記を付けているうちにすぐに睡魔に襲われ、夜七時くらいに眠りにおちてしまった。夜、何度か目が覚めたけれど、朝五時半くらいまでよく眠った。

寒い朝、門前通りが開店準備をするのを横目に、テントをかたづけ、東屋に感謝の一礼。そして境内に入り、最後の絵描きに挑む。第一期区切りの際、四十三番明石寺《めいせきじ》の絵をしくじったのもあって、気を抜いてはいけない、でも気負いすぎてもいけないと、心を落ち着かせることに腐心した。下から見上げる構図は少し角度をつけた分遠近のバランスを取

大窪寺境内結願御礼

大窪寺山門に礼

る必要があったが、気負いもそこそこに、平常心を保って描き切った。最後のスケッチブックの表紙の絵に値するものに仕上がった。

絵を完成させて八十八番を終了。山門に一礼し、大窪寺《おおくぼじ》をあとにして第十番切幡寺《きりはたじ》へ向かう。これから四国を歩いてきた僕の軌跡をひとつの円として結ぶ。切幡寺までは大窪寺から約一八キロメートルの行程だけど、もう絵のことも考えなくていい。大きな荷物をひとつ下した気分で、気持ちはとても軽い。

足が痛い、肩が痛い、荷が重い、先が長い、そうした心が足取りを重くした。そう、つらかったのは結局のところ、心の重さだったのだ。その証拠に気持ちが前向きな時は、いつも重さを忘れられた。大事なのは心なのだ。だけど、思い通りにできないのもまた心。それを鍛えてくれるのが修行、そしてお遍路なのだ。

五キロメートルほど歩いて再び徳島県へ入った。「阿波市《あわし》」の響きもまた懐かしい。辺りに広がる稲穂が金色に輝く田んぼの景色をスマホで写真に収めながら歩く。足はもちろん痛いけど、この先に遍路ころがしがないことはもう知っている。そして、見覚えのある景色に戻ってきた。

お遍路を始めてまだ数日のあのときは、この先に何が待っているのかまったく想像さえ出来ていなかった。第十番切幡寺の門前の商店街を通り、息を切らして急坂を登り、一礼して再び切幡寺の山門をくぐる。本当に一周して戻ってきたんだと、感慨に耽《ふけ》る。お礼参りの始まり、礼拝、納経。納経所に、すでにいっぱいになった納経帳を差し出し、重ねて印を捺《お》してもらう。お先達《せんだつ》たちが納経帳が真っ赤になるまで何度も何度も印を重ねていくように、僕の納経帳も少しだけ朱が濃く

第十番に戻る

なった。

寺を出た後、前回お昼を食べたのと同じ食堂でうどん定食を食べる。お店の人に、「あの時と同じ僕ですよ」と、心の中でつぶやく。お店を出て、さらに九番、八番、七番……と寺を打ち戻る。最初に水ぶくれができた第九番法輪寺《ほうりんじ》、道を間違えてうんざりした第八番熊谷寺《くまだにじ》、そして香川の友人がやってきた第七番十楽寺《じゅうらくじ》。いろいろなことを思い出す。ちらほらと、すれ違うお遍路さんたちと挨拶。気をつけて。頑張ってと願う。僕はすっかり逆打ちのお遍路のような、先達のような余裕を持って、彼らを見送る。

第六番温泉山《おんせんざん》安楽寺《あんらくじ》到着。この日はその宿坊に泊まった。お遍路の最後に、少しでもお大師様のそばにいたいと思ったのだ。外国人のお遍路さんの顔も見られるなかで食事。そして、夜七時からお勤め。皆で読経。

これがお遍路最後の夜だ。明日、第一番に戻る。

第49日

ついにこの日が

◉一一月一九日／歩行距離一六・三キロメートル

徳島県板野郡上板町～鳴門市大麻町

ついにこの日がきた。

朝六時半に朝食をいただき、七時半に出立。あらためて第六番から順にお礼参り。懐かしい道のり。「あぁこんなところ、あった。そうそう」などと思いながら、晴れてこの秋一番の冷え込みだったという朝の空気がしだいに緩んでくるのを汗ばんだ背中で感じながら歩く。

飛び込みで泊まった宿のそばの第五番。ボストンバッグの女の子とすれ違った第四番。四番から三番への道のりで初めて味わった野山の遍路道。八十八カ所を打ち終えてから思えば、こんな山道の、もっともっと過酷なやつを何度も通った。この頃はまだかわいいもんだったな。

そして、第三番。お礼参りを済ませた後、門前で暮らすお母さんを訪ねた。八十八番を無事終えて帰ってきましたよ。久しぶりに見るお母さんの顔。そうそう、僕を送り出してくれたこの顔。このぶっきらぼうで、でも温かい喋り方。右も左も分かっていなかったあのとき、いきなりお昼のお接待をしてもらったっけ。「八十八まで行ったら、十から一までお礼参りをするんだよ。そのときは、寄んなさいよ」。僕のお遍路は一度区切ったから、半年かかってやっと戻ってきたけど、お母さんは僕のことを覚えていてくれて、「よし、じゃあ食べていけ。何か出してやる」と、またお接待をしてくれた。

ありがとう。そして、さようなら。お別れを言ってその家を後にした。僕は無事帰ってきたよと言える場所があって本当によかったと思った。

第二番も打ち、ついに第一番霊山寺に戻り着く。この門構え。やっぱり格別の思いが去来する。スタートのときはお経を上げる順序さえ知らなかった僕だけど、こうして四国一周をし、無事結願して戻ってきました、そんなことを心に思いながら、本堂と大師堂に参拝した。

納経所ではおばあさんが納経してくれた。強くやさしい目で僕を見て、「お茶をお接待しますよ。

第一番に戻ってきた！

第一番霊山寺の懐かしの仁王門

そこに腰かけて」と、休憩スペースで一杯のお茶を出してくれた。荷物を下して座布団に座りお茶をすると、本当に心身に沁みた。何でもないお茶だけど、僕にとっては充足と達成感を感じさせる一杯となった。

結願したお遍路だけが名前を刻む帳面が机の上にあるからあなたも記すように、と言われ、名前を書いた。少しだけ、自分の名が誇りに思えた。

＊

僕を乗せた高速バスは今、大鳴門橋《おおなるときょう》の上、四国の島を離れるところだ。今の僕には、この巨大な島が霊験で彩られた、巨大な結界のようにも思える。白衣を脱ぎ、結界を抜けた僕は俗世界に戻っていく。

僕の金剛杖《こんごうづえ》をあらためて眺める。この四九日間は、何かに導かれ、作られるべくして作られたご縁の日々だ。また僕は呼ばれるだろうか。そのお声がかかったならば、抗わず、必ず訪れると心に決めた。そのときは恐れずにまた一歩を踏み出したいと思う。

「南無大師遍照金剛《なむだいしへんじょうこんごう》」

御朱印

第**81**番札所

綾松山《りょうしょうざん》 洞林院《どうりんいん》　白《しろ》峯《みね》寺《じ》

弘仁年間に弘法大師により開基。保元の乱で配流された崇徳上皇は白峰山腹の御陵に葬られるも、以後都に変事が続くので、当寺に上皇の霊を祀る頓証寺殿を建立。詣でた西行法師と上皇の御霊が歌を詠み交わしたという伝説が残る。

御朱印

第82番札所

青峰山《あおみねざん》 千手院《せんじゅいん》　根香寺《ねごろじ》

天台宗寺院。弘法大師が創建した花蔵院と智証大師が創建した千手院の二院を総称して根香寺と号す。この地には危害を加える「牛鬼」がいて、人々が弓の名手・山田蔵人高清に退治を依頼。見事射止め、寺にはその牛鬼の角が伝わる。

御朱印

第83番札所

神毫山《しんごうざん》 大宝院《だいほういん》　一宮寺《いちのみやじ》

大宝年間に義淵僧正が開基。当初は法相宗。諸国に一の宮が建立された際、行基により堂塔修築され、田村神社の第一別当職となり、寺号を一宮寺に。「地獄の釜」という祠では、心がけの悪い人が頭を入れると抜けなくなると言われる。

御朱印

第**84**番札所

南面山《なんめんざん》 千光院《せんこういん》　屋島寺《やしまじ》

天平勝宝年間に鑑真《がんじん》和上が屋島北嶺に開創。弘法大師が伽藍を南嶺の現在地に造営し、中興。鎌倉後期建立の本堂と本尊は共に重要文化財。源平合戦の遺物や宝物などの寺宝を保存・展示する宝物館が屋島と屋島寺の歴史を映す。

御朱印

第**85**番札所

五剣山《ごけんざん》 観自在院《かんじざいいん》　八栗寺《やくりじ》

天長年間に弘法大師により開創。中世は山岳修験の場として栄える。長宗我部の兵火に遭い荒廃するも、高松藩主松平公が諸堂を再建。山の守り神である天狗の「八栗山中将坊」を祀る「中将坊堂」は山岳修験の行場の名残。

御朱印

第86番札所

補陀洛山《ふだらくさん》 清浄光院《せいじょうこういん》　志度寺《しどじ》

推古33年（625年）に尼・薗子《そのこ》がお堂を建てたのが起源とされる。天武10年（681年）に藤原不比等《ふひと》が妻のためにお堂を整備し「死度道場」と名付けたという。札所有数の古刹。菅原道真筆の「仁王経二巻」など寺宝も多い。

御朱印

第**87**番札所

補陀洛山《ふだらくさん》 観音院《かんのんいん》　長尾寺《ながおじ》

天台宗寺院。天平年間に行基が開創。兵火に遭うも、高松藩主・松平頼重により庇護され、松平家の祈願寺となった。また、源義経の側室である静御前が得度した寺とも言われ、剃髪した髪を埋めたという塚が残る。

御朱印

第88番札所

医王山《いおうざん》 遍照光院《へんじょうこういん》　大窪寺《おおくぼじ》

養老年間に行基により開創。弘法大師が巡錫中、胎蔵ヶ峰の岩窟で求聞持法を修め、薬師如来を刻んで本尊とし堂宇を建立。早くから女性の入山を許し、「女人高野」とも。大師堂内部には八十八カ所の本尊がすべて祀られている。

あとがき

日本のみならず世界にも知られる壮大な霊場巡り・四国遍路道。一二〇〇年以上もの長い歴史の中で連綿と続いてきたこの厳しい修行道は、現在、国内外での人気がますます高まっている。近年日本が見舞われた震災をはじめとする自然災害などがここに足を運ぶきっかけになったという人も多いだろうし、寺社めぐりや御朱印集めのブームによるところも大きいのかもしれない。外国人の日本観光ブームもあるだろう。

僕は農作業のアルバイト中にたまたまお遍路の話を聞いたことがきっかけで、二〇一三年にこの旅に挑み、完遂した。その後、地元富良野で半農半画家生活に戻り、仲間二人と廃材を用いた気まな小屋作りなどもしていた（そのことは『廃材もらって小屋でもつくるか――電力は太陽と風から』という本にまとめた）のだが、二〇一七年に北海道新聞社から絵と文の連載の依頼が来たので、八八枚の絵が揃う〈絵描きお遍路さん〉というのはどうでしょうと提案してみたら、採用された。その連載は二年間続いた（二〇一七年四月～二〇一九年三月、全二二回）。その連載のもとになった日記に加筆してまとめたのがこの本というわけだ。

北海道にも小さなものから大きなものまで、数多くの八十八カ所巡りが存在する。僕が暮らす富良野市内にも朝日が丘、麓郷《ろくごう》にあり、近所の中富良野《なかふらの》町には弘照寺の裏山に、上富良野《かみふらの》町には深山《みやま》峠に、美瑛《びえい》町では白金《しろがね》にある。また、札幌では円山《まるやま》公園の円山八十八カ所が知られ、北海道全体を巡る「北海道八十八カ所」もある。開拓者が拓いたこの地では、故郷を離れ、厳しい気候の中で生きていくのに何か精神的なよすがが必要で、そのひとつが弘法大師の真言宗と八十八カ所巡りだったのだろう。今でも残る道内各地の八十八カ所には、北海道にやってきた民の四国八十八カ所巡りへの憧れが表れているように思う。

僕がお遍路に出た背景には、相当きついと言われる八十八カ所の霊場歩きに対する素朴な好奇心がまずあったが、それに加えて「もっと速く、大胆な線を使えるようになる」ための絵描きとしてのトレーニングをしたいという思いがあった。そうして八十八カ所の霊場歩きが終わった後に、人として、絵描きとして、自分の中でどんな変化が起こるのかを見たいと思った。

僕は野宿を交えた歩き遍路で、絵を描きながら八十八カ所を廻るという一風変わったお遍路をしたが、あらためて今、どんな変化があったかと言うと、たまに思い出したようにお経をあげるようになったくらいで、残念ながらさしたる変化はないというのが正直なところだ。絵も、こういう描き方もできるという自信を得たが、今はまた相変わらず時間をかけて細かい描写の絵を作り続けている。お遍路を完遂したからといってみんなが聖人になれるはずがないし、絵もそこまで劇的に変化はしていない。

ただ、遍路道を歩き切った記憶や、過酷な状況下でも日々絵を描き続けた思い出が、ふと日常生活に湧き上がってくることがある。足や肩の痛みに苦しみ、一日の旅程をこなすことで精一杯だった日々。絵を描かずに歩けたらどんなに楽だろうと思いながらも、一日も休まずに歩き続け、寺に着けば絵を描いた。僕の中に絵描きとしての責任感と、それなりの根性が備わっていることが自覚できた。そして、健康で、お遍路をする時間があって、歩き、絵を描いている自分は恵まれているんだという感謝の気持ちを知った。旅路で得たものは確かに僕の心の底に沈殿している。それが時々、さまざまな記憶とともに浮き上がってくる。それこそがかけがえのないご利益だ。絵描きお遍路をやり遂げたことは、いまや自分の心の強い支えのひとつになった。

お遍路をしようと思ったら、お金もかかる。時間もかかる。だから、誰もが実行できるわけではないだろう。だからこそ、この旅に出られる人は幸せだ。きつければきついほど、遍路はいい。もともとが修行の道。だから遍路の旅に出るならギリギリのところまで追い込まれることを覚悟しておいたほうがいい。かつての修行者たちが死の眼前まで自分を追いやって悟りを開いたというように、極限状態の中でこそ見出せるものがある。

で、僕もひとしきりお遍路話を語った後で、歩き遍路を体験したすべての人と同様にこう付け加える。

「いいもんですよ。めちゃくちゃきついですけどね」

二〇一九年一〇月　イマイカツミ

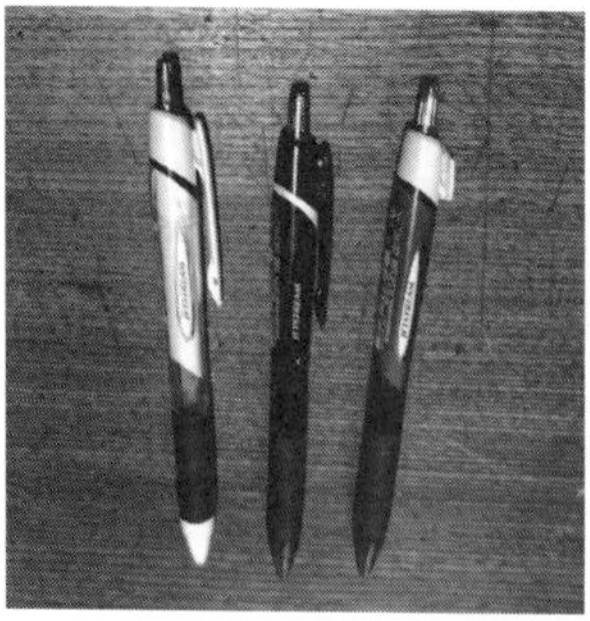

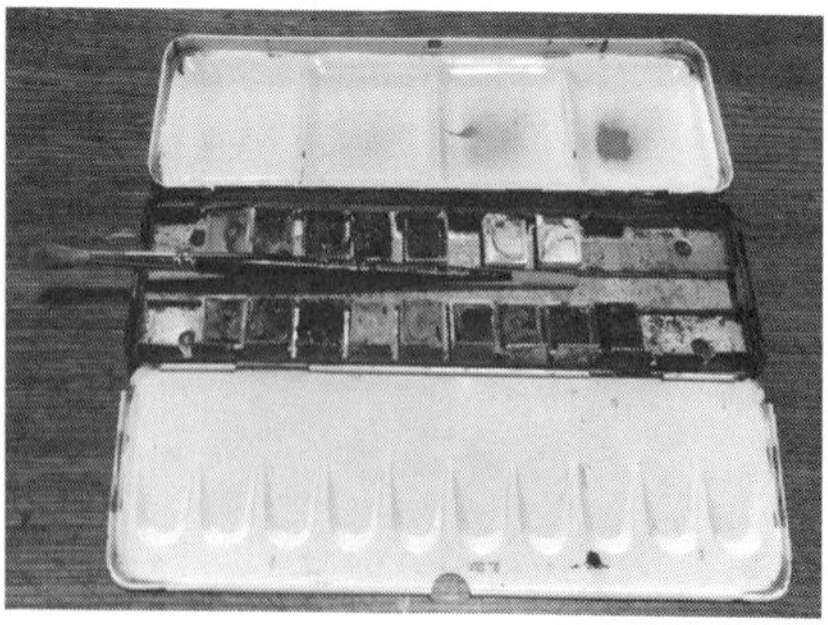

上：八十八ケ所を描き納めた4冊のスケッチブック（マルマン「白い絵本」）
左下：ボールペン（三菱鉛筆ユニ・ジェットストリーム　0.5mm　0.7mm　1.0mm）
右下：固形水彩絵の具（ウィンザー&ニュートン 15色）と水彩筆（ラファエル8404 5号）

イマイカツミ（今井克）
1975年大阪府生まれ、横浜市育ち。成蹊大学文学部卒。出版社に勤務したのち退社して画業に専念。2001年、北海道富良野市に移住し、農作業ヘルパーなどをしながら北海道や国内外の風景を描き続ける。著書に『廃材もらって小屋でもつくるか――電力は太陽と風から』（川邉もへじ・家次敬介との共著、寿郎社）、画文集に『谷間のゆり夕張』『大地のうた富良野』『北海道の駅舎（上・下）』（いずれも寿郎社）、『大人が楽しむはじめての塗り絵――北海道の旅』（いかだ社）がある。

難行苦行《なんぎょうくぎょう》の〈絵《え》描《か》き遍路《へんろ》〉をやってみた
四国八十八カ所《しこくはちじゅうはちかしょ》を歩《ある》いて描《えが》く

発行　2019年10月15日　初版第1刷
著者　イマイカツミ
発行者　土肥寿郎

発行所　有限会社 寿郎社
〒060-0807　北海道札幌市北区北7条西2丁目37山京ビル
電話 011-708-8565　FAX 011-708-8566
郵便振替 02730-3-10602
e-mail doi@jurousha.com
URL http://www.ju-rousha.com

印刷・製本　モリモト印刷株式会社

ISBN978-4-909281-16-6 C0026

好評既刊

イマイカツミ・川邉もへじ・家次敬介

廃材もらって小屋でもつくるか

――電力は太陽と風から

富良野の半農半画家・イマイカツミが、自宅の敷地内にあった古い小屋を解体し、その廃材などを用いて新たに三坪の小屋を二〇日で建てる――。南富良野町在住の廃材を効果的に使う木工作家・川邉もへじ氏と、富良野で環境電気店を営む家次敬介氏の協力のもと、小型の太陽光パネルと風力発電を備えたエコロジカルで機能的な〝大人の秘密基地〟の作り方を、わかりやすい絵と写真と文で伝えた愉快なＤＩＹ日記。

Ａ５判カラー／コデックス装／定価：本体二〇〇〇円＋税

好評既刊

イマイカツミ探訪画集1

谷間のゆり夕張

僕の目に最初に映った夕張は、町の到るところが絵そのものだった。町の到るところに〝物語〟が見えた。僕はひと目で夕張のとりこになった――。谷間のまち夕張の、素晴らしい自然と味わい深い町並みを描いたイマイカツミの初画文集。

Ａ５判カラー／並製／定価：本体一五〇〇円＋税

イマイカツミ探訪画集2

大地のうた富良野

鮮やかなラベンダー畑が丘陵一面に広がる桃源郷のような風景から、深山峠、北の峰スキー場、へそ歓楽街など地元の人々に親しまれている風景まで――。移住してもなおこの土地に憧れを抱き続ける著者の〝富良野愛〟あふれる画文集。

Ａ５判カラー／並製／定価：本体一五〇〇円＋税